禅語
生きる力になる

臨済宗円覚寺派管長
横田南嶺
天台宗圓融寺住職
阿純章

致知出版社

まえがき――めぐりあいの不思議――

横田南嶺

坂村真民先生に、「知らせよう」という詩がございます。「知らせよう」と更に「続知らせよう」という詩も作られて長篇の詩となっています。

その中に、このような一節がございます。

知らせよう
聞法因縁五百生
同席対面五百生
とお説きになった
仏陀の深いみこころを

漫然と生まれてきたのではない
因となり縁となるものが
相結び相つながり合って
自分があり
すべてがあることを
み仏の教えの広大にして無辺なことを
一人でも多くの人に知らせよう
（『坂村真民全詩集第三巻』より）

この中に「同席対面五百生」という言葉がございます。同じ席に座ってお互いに対面するというご縁が実るには、それまでに五百回もお互いに生まれ変わってきたご縁の積み重ねがあるということです。

実に真民先生は、「めぐりあい」の不思議を説かれた詩人でもあります。

「めぐりあい」という詩は、

人生は深い縁《えにし》の
不思議な出会いだ
世尊の説かれた
輪廻の不思議
その不思議が
今のわたしを
生かしてゆく

という一節から始まり、

めぐりあいの
ふしぎに
てをあわせよう　（『坂村真民全詩集第一巻』より）

という言葉で終わっています。

私も、幾度もこの「めぐりあい」の不思議を思い、「めぐりあい」の不思議に手を合わせてまいりました。数え切れない多くの「めぐりあい」のおかげで今の自分が生かされています。

そんな「めぐりあい」の中で、目黒圓融寺《えんゆうじ》の阿純章《おかじゅんしょう》師との出会いもまた、かけがえのないご縁であります。

初めてお目にかかったのは、平成三十年の二月一日でした。それが実にわずか一年の間に、その出会いのことを私が『致知』平成三十年五月号「禅語に学ぶ」に書かせていただき、それがご縁となって、対談することとなり、『致知』平成三十年七月号で、特集「人間の花」をテーマに、「いまをどう生きるのか——人間を深める道」というタイトルで対談記事を掲載してもらいました。

そこから更にご縁が深まって、この度の単行本を上梓するという企画になって、昨年の夏に対談を重ねてまいりました。

初対面からわずか一年で、これだけのご縁が実るとは、「同席対面五百生」という言葉を思わずにいられません。

そもそもの出会いは、私が普段お世話になっている、臨済宗妙心寺派龍雲寺の細川晋輔師からご紹介をいただいたのでした。天台宗でとてもすぐれた僧がいるので、是非とも会ってほしいという依頼でした。

阿先生の御父君は、阿純孝師といって、天台宗の宗務総長もなされた方であり、私のような他宗の者でも、そのお名前を存じ上げていました。円融寺は、東京でも指折りの名刹であり、天台宗を代表する方のご子息であります。ですから、めぐまれた環境に生まれ育たれたことは想像に難くありません。

お目にかかる前に、ご著書があると知って、『「迷子」のすすめ』（春秋社刊）を取り寄せて拝読しました。一読して、実に学識の深い方だと感じ入りました。そして実際にお目にかかってみると、学問があるだけでなく、お人柄がすばらしいことに感銘を受けました。

名門のお生まれで学識があっても、それを表に出さずに実に謙虚で、それでいて気品があり、道を求める誠実な志を感じ取ることができました。

私より五歳もお若いのですが、こちらが学ばされることが多々ございました。

そんな出会いが実っての対談でしたので、楽しく語らせていただきました。私としましても、今まで何冊か対談本を出させていただきましたが、今回初めて自分よりもお若い方との対談となって、肩の力を抜いて語りあうことができました。

一読していただければおわかりいただけると思いますが、同じ仏教を学びながらも、阿先生は天台宗の名門のお生まれで、天台という深い学問の宗旨を学ばれた方であるのに対し、こちらは禅宗という、仏教の中でもきわめて実践的な教えを学んできました。

阿先生は、禅の教えにも大変に造詣《ぞうけい》が深いのですが、私のように多年禅の道場に身を置いてきた者とは、異なる受け止め方をなされているところもございます。対談は、お互いの異なるところがあるから、魅力が出てまいります。

また、私は幼少の頃から、禅の道を自分の進む道と心に決めてから、一直線に歩んできました。ですから、人からいろいろな悩み事を打ち明けられても、「なぜそのようなことで悩むのか」と理解しがたいことがございます。

その点、阿先生は大寺院の後継者として生を享《う》けられ、いろいろな悩みを抱えながら、ご著書の『「迷子」のすすめ』ではありませんが、迷いながら道を歩まれてこられたようにお見受けします。そのように迷いながら、悩みつつ道を求めてこられ、苦悩を克服してこられた体験が、率直に語られて、本書のすばらしい生きた教えになっているのであります。

社交的な御父君とは対照的に、内気でご自身「対人恐怖症」と語るほどの苦労をなされて、「一人になると一人ではないことに気づく」というお話などは、心打たれたものであります。

お釈迦さまのお弟子の阿難尊者《あなんそんじゃ》が、ある時にお釈迦さまにお尋ねしました。「よき友を持つということは、聖なる修行のすでに半ばを成就せるにひとしいと思いますが、いかがでありましょうか」と。

それに対してお釈迦さまは答えました。

「阿難よ、そうではない。よき友を持つということは、聖なる修行の半ばではなく、そのすべてである」と。

阿先生という、道を学ぶよき友に恵まれた「めぐりあい」の不思議に手を合わせて感謝します。

平成三十一年二月吉日

生きる力になる禅語＊目次

第一章　煩悩の中に悟りがある

第二章　自分とは何か

第三章　生きるも死ぬも精一杯

第四章 ただの人になる

装　幀――秦　浩司（hatagran）
編集協力――柏木孝之
写真（巻末）――菅野勝男

第一章

煩悩の中に悟りがある

「平常心」とは当たり前の心が道に適っていくこと

横田　私たちの臨済宗は唐の時代の臨済義玄《りんざいぎげん》という方を祖とする禅宗の一派です。臨済というのは、もともと地名なんです。「済」は「川の渡し場」のことで、その近くに寺があったので臨済という名を付けたわけです。臨済義玄とほぼ同時代に趙州従諗《じょうしゅうじゅうしん》という禅僧がいますが、この趙州も地名ですね。

趙州従諗は唐末にあった仏教大弾圧を直接受けた人ですけれども、百十九歳まで生きた長命の方でした。達磨《だるま》は百六十歳まで生きたと言われていますが、これは多分嘘でしょう。でも、趙州の百十九歳というのはあながち嘘だとは思えなくて、昔からそのように言われているんですよ。

趙州は十七歳でお坊さんになって、南泉普願《なんせんふがん》というお師匠さんにつきます。そこで問答をして、すぐに悟りました。しかしその後、南泉の傍で四十年も修行を続けるんです。十七歳から四十年ですから五十七歳までです。この五十七歳のときにお師匠さんが亡くなります。すると趙州はそこから三年間、お師匠さんの墓守《はかもり》をします。そして六十歳になってから禅の修行の旅に出るんですよ。

当時は六十歳というだけで長生きですけれど、趙州はその年齢で旅に出るわけですね。旅をして優れた人に会えば教えを受け、自分よりも劣っている人に会えば教えを授けたいという願いを持って、二十年間、諸国行脚《あんぎゃ》をしました。それでようやく寺に入ったのが八十歳。そのあと約四十年間お説法をして百十九歳で亡くなっています。

人の倍修行をして、人の倍長生きをして、人の倍活躍をしたんです。ですから、この人の言葉は大変に含蓄《がんちく》があるというか、深い。その言葉をまとめた『趙州録』という本がありますが、その中からまず「**平常心**《びょうじょうしん》」という言葉を取り上げてお話ししてみたいと思います。

「平常心」というと一般には「へいじょうしん」と読みますが、我々は呉音の読み方で「びょうじょうしん」と読んでいます。「平等《びょうどう》」というときの「びょう」という読み方が仏教の漢文の読み癖になっているんですね。

平常心

この平常心とは、一言でいえば、造作《ぞうさく》のない心。つまり、作り事をしないということがこの言葉で説かれています。

この言葉の説明はなかなか難しいのですが、少しずつ私にもわかってきたのは、人に話をするとか何かを伝えようとする場合に作り事では伝わらないということです。やはり身について自分のものになっているものが伝わるんですね。その場しのぎで作り上げたもの、俄《にわ》かに作ったものはあまり相手には伝わらない。そこで「普段の当たり前の心が道だ」というように平常心を訳したりするのですが、そうはいっても普段の心が道になるというのは大変難しい。

とある企画でお茶の先生と対談をしたことがあります。その最初に「私は今の茶道のあり方があまり好きではありません。どうしてかというと、作り事をしているのではないでしょうか。茶室といっても利休さんの頃はあれが普段の住まいであり、ああいう暮らしをしていたのでしょう。普段の着物を着て、質素な茶碗を使っていたのでしょう。それが今の楽《らく》茶碗でしょう。それが茶道だったというのはわかります。しかし、今となっては、あの茶室はなぜ当時のままなのか、あれでは作り事ではないですか。私たちの実践している禅というのは、作り事ではなくて、毎日行っている暮らしがそのまま禅なんです」。と申しあげたのです。
その茶人の先生はその時着物を着ておられたのですが、「ここへ来るのに何を着てきましたか」と尋ねるとスーツを着てきたと答えました。だから、「私などは普段のままがこの格好です。新幹線に乗ろうと飛行機に乗ろうと全部これで、これ以外のものはないのです。この毎日やっていることには作り事がない、これが当たり前の道だと思っています。それが、今茶会になると高い着物を出してくるようでは、如何《いかが》なものでしょうか」と少々意地悪なことを申しあげました（笑）。

阿　胸がすくようなお話です（笑）。

横田　でも、さすがにそのお茶人さんは人間ができていらっしゃって、そのあとお礼状を下さって、「久しぶりに禅僧らしい禅僧に会えたものです」と書いて下さっていました。さすが度量が大きいと感じ入りました。人間の大きさを思いました。
まあ、そういう当たり前の心が道に適《かな》っていくというのが平常心というものですね。多分作り話だと思いますが、法然上人《ほうねんしょうにん》と耳四郎という話を知っていますか？　耳四郎というのは盗人の親分でした。偉いお坊さんが宿屋に泊まっていると聞いた耳四郎は盗みに入ろうと考えるんですね。この偉いお坊さんというのが法然上人です。耳四郎は法然上人が泊まっている部屋の縁の下に潜《もぐ》り込むのですが、法然上人のお説法を聴いているうちに念仏信者になって、一緒に旅をするようになるのです。

あるとき耳四郎が法然上人に「お念仏の極意を聞かせてください」と言いました。法然上人は「お前さんとは今まで随分一緒に長いこと旅をしたなあ。お前さんが隣の部屋で寝ているとき、私はいつも密かに念仏を唱えているのに気がついたか」と言いました。耳四郎は「気がついております。お上人は誰もいない部屋でもいつもお念仏を唱えておりました」と応じました。すると法然上人はこう言いました。「そうだ。これが大事なんだ。人間は人前では繕《つくろ》う。しかし誰も見ていないところで一人静かに念仏をする。この飾らない心で唱える念仏こそが念仏の極意であるぞ」

そういう心が平常心に近いのではないかなと私は思うんです。

すべての出来事は誰のせいでもなく、ただ起こっているだけ

阿　平常心というのはなかなか難しいですね。

横田　こういうのはよその宗派でも説きますか。

阿　ええ。

横田　よくスポーツ選手も言いますね。

阿　アスリートの人たちのフロー体験とかゾーンに入るとかいうのも平常心にたとえられているかもしれません。

横田　ああ、なるほど。しかし、それはいわゆる三昧《ざんまい》、サマージではないですか？

阿　対象と自分が一つになるということがサマージですから、そちらのほうが近いかもしれないですね。

横田　陸上の為末大《ためすえだい》さんと対談をしたことがあるのですが、そのときにこんな話をしました。マラソンの君原健二氏が苦しくなったら次の電信柱まで全力で走って、その

また次の電信柱まで全力で走って、というふうにして走っていたといわれます。でも、為末さんに言わせると、走り過ぎて脚を壊したらいけないし、実際はペースを慎重に考慮していろいろ考えながら走っていると言うんです。専門の選手は大変だなと思いました。

この間、童門冬二《どうもんふゆじ》先生という歴史小説家と一緒にご飯を食べながらお話をしました。童門先生は昭和二年生まれでもう九十二歳になられるのですが、全然衰えを感じないと言っていました。そこで根掘り葉掘り健康の秘訣を尋ねたところ、一つは肉を食べること、もう一つは毎日酒を飲むことだと（笑）。「先生、私はそれが実践できません。他に何かありませんか」と聞いたら教えてくれたのは「すべて何があっても自分のせいとは思わないこと」と言って、すぐ後に「そして誰のせいとも思わないこと」だと言われました。「すべてそういう出来事が起こっているだけであって誰のせいとも思わない」と言うんです。

阿　素晴らしい。煩悩の向き合い方というのはまさにそうですね。誰のせいでもないんだと思えばいいんです。

横田　そうなんです。「自分のせいだ」と言うと、それは結局自分の身心を苦しめるだけです。かといって「お前が悪いんだ」と言えば、これもまた人を攻撃しているようで自分の体と心を痛めつけているでしょうね。だから、もうすべてはそういう出来事が起こっているだけだと見る。なるほど、これは人生の達人だなと思いました。

阿　まさに起こることが起こっているということですね。

横田　原因があってそのような状況が現れているだけなんだというふうに見ていればいいんでしょうなあ。これは平常心というものでしょう。

阿　そうでしょうね。

「普通にしなくては」と努力すると道から離れてしまう

阿　平常心というのは、ありのままにいることですが、こんな笑い話があります。ある人が「ありのままにいるコンテストをやりましょう。一番の人には百万円を進呈します。今から一週間、ありのままに生活してください。我々はそれを観察していますから」と言いました。

コンテストに参加した一人は、ありのままだったら、ただ寝ているだけで何もしないでおこうと考えて、仕事もしないで一週間ずっとゴロゴロしていました。二人目は、ありのままというのなら普段の生活をそのままにすればいいのだからと、毎日いつも通りの生活をしました。三人目は、ありのままなんだから自分の好き勝手にやったらいいじゃないかと、わがまま放題に自分のしたいことをやりました。さて、誰が百万円を手にしたと思いますか？

横田　普通に考えれば二番目でしょうね。オチがある？

阿　オチは、そのコンテストに参加しなかった人が一番平常心だった（笑）。

横田　ああ、なるほど。

阿　もう一つ、平常心につながるお話をしてみたいと思います。中国宋代の蔡君謨《さいくんぼ》という政治家の有名な話ですけれども、彼は長くて立派な鬚《ひげ》を生やしていたそうです。ある時、皇帝に呼ばれて「お前は立派な鬚をしているな」と褒《ほ》めてもらうのですが、その後で皇帝がこう言うんです。「ところで一つ聞きたいことがある。お前は寝るときにその鬚を布団の上に載せるのか、それとも下に入れるのか」(笑)。今までそんなこと気にしたことがなかったので、その後から寝るときに、「あれ、どっちだった?」と気になって眠れなくなってしまったという笑い話です。

こんなお話もあります。ある有名なお坊さんがお寺に来られるというので、お招きする側のお寺の住職がお庭をきれいに掃いて、お茶室を設《しつら》えて、万全に準備をしたんです。でも、見てみるとあまりにも完璧すぎて「これは造作がある」と感じたので、ちょっと木を揺らして落ち葉を散らして自然な感じにしようとしたのですが、これもなんとなくわざとらしく思えて、結局すべての木を同じように揺らしたら庭が落ち葉だらけになってしまった。さすがにこれは汚いだろうと、またきれいに掃除をして整えてみるのですが、やはり整いすぎていていけないと、何度も何度も繰り返ししているうちにヘトヘトになって倒れてしまうんです。

そこに偉いお坊さんがやって来て「一体どうなされたのですか」と驚いて言いました。「いやいや、すみません」と住職は取り繕おうとするのですが、実は招かれたお坊さんは早めに到着していて、住職が庭をきれいにしたり汚くしたりしているのをずうっと見ていたのです。でも、「一体この人は何をしているのだろう」と入るに入れなかったわけです。そこで「実は私、ずっと見ていたんですよ」と言ったら、ぐったりしているほうのお坊さんも「なんだ、そうだったんですか」とお互いにアハハハと笑って、その瞬間に急に打ち解けて肩の力がスッと下りたというお話です。

そんなふうにお互いにアハハハと笑う瞬間にこそ平常心というものがあるのかなと私は思うんです。笑うときというのは、あれこれ考えずに、ただ可笑しいから笑うだけです。ただ今という瞬間にいるだけです。そうすると、お互いの壁がなくなって本当に打ち解けていくのではないのかと。それは努力して修行して得るものではありません。むしろ「普通にしていなくては」というようなことを考えているときに平常心から離れてしまいます。

横田　『趙州録』にある話ですけれど、趙州が南泉にこう尋ねるんです。

「如何《いか》なるか是《こ》れ道《どう》」（道とはどういうものですか）

南泉はこう答えました。

「平常心是れ道」（普段の当たり前の心こそが道である）

そう言われた趙州はさらに尋ねます。

「還《かえ》って趣向すべきや不《いな》や」（どのようにしてそれに向かって努力すればいいのでしょうか）

すると南泉は言いました。

「擬《ぎ》すれば即《すなわ》ち乖《そむ》く」

これは「何かを求めてやろうとすると作り事になってしまう」という意味です。そういう努力をするのは間違っていると言ったわけです。

しかし、この答えに趙州は納得できません。

「擬せずんば（不擬）争《いか》でか是れ道なることを知らん」（そのように到達しようと努力しなければ、どうしてこれが道だとわかるのですか）

求めてはいけないというのでは取りつく島がないじゃないですか、と言ったわけですね。そこで南泉はこう言いました。

「道は知・不知に属せず。知は是れ妄覚、不知は是れ無記」（道は知ったとか知らないとかというような範疇《はんちゅう》に属するものではない。自分たちがわかったというのは思い込みに

すぎない。わからないというのは何にもならない）

そして、不擬、つまり何かに到達しようと努力せず、そのままの道に達することができたならば、それは「猶太虚《なおたいきょ》の如く、廓然《かくねん》として蕩豁《とうかつ》たり」（ちょうどこの広い青空がカラリとして晴れ渡っているようなものだ。何もとやかく言う必要はないではないか）と言うのです。

これを聞いて十七歳の趙州少年がハッと気がつくんですね。そして「心、朗月《ろうげつ》の如《ごと》し」（心が朗《ほが》らかな月のようになった）というお話なんです。

自分をごまかしてはいけない

横田　そこで我々はどういうふうに心がけていったらいいかということなのですが、それは「自ら瞞《まん》ずること莫《なか》れ」という言葉で表されています。これは趙州和尚が老師になってからの話ですが、修行僧がこう聞きました。

「如何なるか是れ衲衣下《のうえか》の事《じ》」

衲衣下とは僧の衣のことですから「衣を着ている者として一番大事なことは何ですか」と聞いたわけです。これは「お坊さんとして最も大事なことは何ですか」という問いですね。

趙州は言いました。

「自ら瞞ずること莫れ」（自分をごまかすな）

これは非常に厳しい言葉です。我々は格好をつけたり、あるいは言葉を発したりすることによって、どうにか人に対しては取り繕うことはできます。しかし、自分をごまかしたり、騙してはいけない。自分で納得がいかないものは納得がいかないものとして、ちゃんと認めていかなければならない。自分でわからないことは自分でいいかげんにしてはいけない。そのようにして自分で自分をごまかしてはいけないということです。

これは漢文にすると「莫自瞞」と三文字ですけれども、趙州がいかに真剣に修行をなさった方であるかがよくわかる言葉です。私もずっとこれを自らの戒めにしています。自分自身を反省する気持ちがなければ何にもなりません。

そしてもう一つ修行をする上で最も大事だと思う問答が『趙州録』の中にあります。ある修行僧が「萬物の中、何物か最も堅き」と尋ねるのです。これは「世の中で壊れることのない不滅なるものはなんでしょうか、最も強いものはなんでしょうか」と問うていると言っていいかもしれません。これに対して趙州はこのように答えています。**「相罵《あいののし》ることは汝《なんじ》に饒《ゆる》す觜《くち》を接《つ》げ。相唾《つば》することは汝に饒す水を潑《そそ》げ」**（あなたが私のことを罵るのであればいくらでも罵りなさい。あなたが私に唾をかけるのであればいくらでも唾を吐きかけなさい。唾がなくなったらならば水でもぶっかけなさい）

これは決して他を圧するような、他を攻撃するような、他を折伏《しゃくぶく》していくような強さではないんですね。何をされても、何を受けても、微動だにしない。こういう心でいることこそが最も強いと言っているわけです。

私が初めて修行に行くときに、師匠の小池心叟《しんそう》老師がこの言葉を書いてくれました。それを見て、これからよほど罵られるのだろうなと思いました（笑）。でも、この言葉を見る度に、いくら罵られてもなんていうことはないと思うようになりました。

人のために煩悩を使うのが仏である

横田　次に挙げる言葉は修行の目的について言ったものです。一つは「一切人の与に煩悩を為す」という言葉です。つまり、修行とは悟りを目標としているものではなくて、そこを通り抜けて、人のために尽くしていくということでなければならないと言っています。

煩悩というのは仏教の中で悪いものと思われていますね。しかし、こんな話があるんです。雲照律師《うんしょうりっし》（釈雲照）という方がいます。明治時代の真言宗の僧です。明治の頃は仏教が廃仏毀釈《きしゃく》で打撃を受けましたから、なんとか立て直そうといろんな立場の人が出てきました。雲照律師もその一人で、戒律を大切にするという立場をとりました。肉食妻帯《さいたい》なんて認めるから仏教はダメになったのだと言って、戒律を復興することが仏教を復興することにつながると主張したわけです。

この釈雲照と釈宗演が晩年に出会ったという記録があるんですよ。明治期を代表するような二人ですけれど、釈宗演は、お若い頃仇名《あだな》が「牛食い宗演」と言われるぐらい肉も食べ、お酒も飲まれました。雲照律師とは正反対の人なんです。

雲照律師と会ったとき、釈宗演は雲照律師が戒律を守っているのを知った上でわざとこう聞くんです。「雲照さん、ときにあなたは鰻《うなぎ》と刺し身ではどちらが好きですか」と。雲照律師はブスっとしていたそうです。何を言うかと思ったのでしょう。すると今度は「雲照さん、あなた、子供は何人ですか」と聞きました。雲照律師はとうとう吹き出してしまい、そばにいた信者が、「律師はそのような汚れたことは一切なさりませぬ」と釈宗演を叱責《しっせき》しました。

釈宗演は言いました。「雲照さん、聞くところによるとあなたは最近自分のお弟子が女性と問題を起こしたからといって破門をしたそうですが、それはまことですか」と。雲照律師は答えます。「当たり前だ。僧侶が肉食妻帯するなどもってのほか」と。そこで釈宗演はこう言うのです。

「雲照さん、お腹が減っていれば、いくら修行しようと思っても修行に身が入らない。ある程度食べるものは食べて、食欲を満たさないことには修行はできません。どだい最初から戒律を守れないような人は意志が弱いんだ。そういう人にはそういう人なりの導き方があるのではありませんか。男女の欲望というのは誰でもあるものだ。それを認めた上で、いかに調えていくか、いかに制御していくかを考えて導いていかなくてはいけないのではないですか。戒律を破ったから破門だなんていうような考えはどうなんでしょうね。仏教では『三毒五欲』と言いますけれど、これは人間の生命の原動力であって、それを無理やり止めるというわけにはいきませんなあ」

話はそこで終わり、それ以上の歩み寄りはありませんでした。雲照律師にしてみれば、釈宗演の言葉は許しがたいと思ったことでしょう。

『六祖壇経《ろくそだんきょう》』に「婬《いん》を除けば即ちこれ清浄心」、つまり「淫らな心を除いたならば我々は清らかな心になる」と書かれています。ところが、『敦煌本《とんこう》』（敦煌で見つかった『六祖壇経』）には「婬を除けば清浄心なし」と書いてあるんです。

阿　全く逆になっているんですね。

横田　前に阿先生にお聞きしましたね。これはどちらが本当なのかと。そうしたら、敦煌のほうが古いから途中で変えられたのは確かだというお話でした。

我々には、食欲とか男女の欲望とか睡眠欲とか、さまざまな欲望があるわけですが、仏教の一つの立場として、そのような欲望を完全に滅することが悟りであるという考え方があります。ただ我々の大乗仏教、特に禅では、それは通過点にすぎないんです。欲望は完全にはなくならないでしょうけれども、いずれにしても欲望を制御するだけで終わってはいけない。だから、禅には欲望をなくして仏の心になるというのではなくて、その欲望が実は仏の心なのだと考えます。逆転の発想です。欲望がなければ人間の生命は成り立ちませんから、この生きている生命こそが仏なのだというふうに主張しはじめたわけです。

阿さんの天台なんかは仏教の正統ですけれど、禅というのは異端なんですね。欲望をとったら人間には何も残らない。欲望は仏の心と一つだと言ったのが、**「仏は即ち是れ煩悩。煩悩は即ち是れ仏」**という趙州の言葉です。煩悩をなくしたら仏になるというのは違う。煩悩が仏なのだというわけです。

ただし、問題はその煩悩が何によって生じるものなのかということです。自分の楽しみのための煩悩なら、それはダメ。自分の欲望も最低限は必要でしょうけれども、仏というのは人々のために煩悩するのだというわけです。人々が苦しんでいるのを見て自らも涙を流していく。人々が餓《う》えているのを見て、この人に何かを食べさせてあげたいと思うのが仏なのだと。

もしも煩悩がなかったら、そんな人の苦しみも何もわかりません。お腹が減ったなあという気持ちがあるから、「ああ、つらいだろうな」とお腹が減っている人の気持ちがわかって、何かをあげることができるわけです。このように「煩悩は人のために使え」と言ったのが、趙州の「一切人の与に煩悩を為す」という言葉なんです。同じ煩悩を持っていても、自分のために煩悩を使っているのは凡人であって、人のために煩悩を使っていくのが仏なんです。これは会社でも一緒です。自分の会社の儲《もう》けのためだけにやっている会社というのは、あまり大きく発展はしないでしょう。

「南無地獄大菩薩」――地獄へ下りて苦しんでいる人々を救う

横田　そこで次に挙げたいのが白隠慧鶴《はくいんえかく》の言葉です。白隠は江戸時代の禅僧ですけれど、**「南無地獄大菩薩」**と言っています。これは自ら地獄に下りていくということですが、この考え方の原点は趙州にあるんですね。

ある役人が趙州に「禅師のようなお方は決して地獄に行くことはないでしょうね」と聞くんです。すると趙州は「いや、私は真っ先に地獄に落ちる」と言うんですよ。「どうしてあなたのような方が地獄に落ちるんですか」と役人が不思議に思って聞くと、「私が地獄に行かなければお前を救えんではないか」と答えるんですね。

つまり、お前が地獄に落ちるのは当たり前だが、その地獄に落ちているお前を俺は救いに行ってやるんだということなんです。自分が地獄に落ちて、地獄に落ちている人を救ってあげようという発想なんですね。だから趙州は「自分は地獄に落ちる」と言ったわけです。

それを白隠は「南無地獄大菩薩」と書いたのです。これもいろいろ新発見がありまして、勉強していたら、この言葉が百姓一揆《いっき》と深く関わっていることを知りました。

阿　あ、そうなんですか。

横田　そうなんですよ。白隠が生きた時代は元禄《げんろく》の終わり頃、つまり江戸中期の平穏な時代ですが、百姓一揆はけっこう起きているんです。白隠は六十歳半ばで姫路や岡山のほうに説法に行くのですが、その前の年に姫路百姓一揆という大きな一揆が起こっていて、首謀者たちは打ち首、磔《はりつけ》、拷問になっています。そういう悲惨な状況を見て静岡に帰ってくるんです。

白隠は今の沼津市原の辺りにいました。当時の静岡（駿河国）には小島《おじま》藩という小さな藩がありました。藩主の松平昌信公はまだ二十八歳の若さでした。白隠が小島藩でお説法をしたとき、藩主自ら聴きに来ました。この若い藩主はなかなか偉いなと思って、白隠は「他藩で百姓一揆が起こっているのは上に立つ者が贅沢をするからです。藩主は贅沢をしてはいけません。食べ物は一汁一菜、着るものは木綿にして、それをちゃんと下の者にまで徹底しなさい」と助言しました。

時代劇を見たら悪代官というのが必ず出てきますが、そういう悪代官をはびこらせてはいけないということを懇々と書いたのが白隠の『夜船閑話』巻下です。ところが、ちゃんと戒めを紙に書いて与えたのに、その数年後に小島藩に悪代官が蔓延《はびこ》るのです。あまりの悪政にとうとう小島藩の農民たちが決起しようとします。白隠はそれを止めるために農民に訟訴をさせるんです。

白隠も当時はさまざまな人脈を持っていました。直接藩主に訴えたら却下されて終わりですから、まず藩主のお父さんのいた江戸の上屋敷に訴状を出しました。そして目付に出しても握りつぶされると考えて、寺社奉行に訴えを数回出します。その結果、幕府も訴えを取り上げて、悪い役人たちを一掃するよう松平昌信公に命じるのです。このようにして誰も血を流さずに白隠が完全勝訴したという記録が残っています。

その後、白隠禅師は西島の光増寺へお説法に行きました。『大燈録』を提唱したとありますが、我々が読んでも難しいものですが、白隠のお説法を聴きに民衆が蟻のように集まって、お寺の本堂の床が抜けたと言われています。白隠は文字通り百姓一揆という地獄の中に下りてきて、自分たちのために村を救ってくれた。そんな白隠の慈悲の心に感激して、たくさんの人々が集まったわけです。

先日、大手町で講演をしたときに、私はそんな話をしました。講演会にはお坊さんも参加していましたから、こう言ったのです。「我々は寺離れ寺離れと言って寺に人が来ないと言っているけれども我々坊さんの慈悲が足らないから来ないのではないですか」と。

地獄から単に逃れようというのは浅い考えです。逆に地獄に下りていくようでなければいけない。

白隠にはお婆さんとの問答というのもあります。昔、女性は仏になれないと言われていました。そこで「どうしたら罪深い自分から逃れられるでしょうか」とお婆さんが聞いたとき、白隠は「一切の人はいいところに生まれるように願え。しかし自分はこの苦しみの中に沈んでいくように願え」と答えました。これがいわゆる「大悲」というものです。大きな悲しみの心です。鈴木大拙もこの部分をよく引用したそうです。

修行して修行を完成して、さらに人のために煩悩していく。苦しいところに下りていく。こういう生き方は一つの禅の生き方と言えますね。

阿　佐々井秀嶺上人の半生を綴った『破天』（山際素男著・光文社新著）だったと思いますが、「極楽は地獄の下にある」というようなことが書かれていました。地獄を抜けなければ極楽には行けないということですね。今のお話を聞いて、そんな言葉を思い出しました。

今、自分が立っているところがゴールである

阿　私も禅語を幾つか挙げてお話しさせていただこうと思います。一つは道元禅師の『普勧坐禅儀』の中にある **「磨塼《ません》作鏡」** という言葉です。これは「瓦を磨いて鏡を作る」ということで、馬祖道一《ばそどういつ》という有名な禅僧がまだ修行をしているときのお話です。横田老師はもちろんご存じでしょうが、この対談にご同席の若い方々にもわかるようにご説明します。

馬祖道一は南嶽懐譲《なんがくえじょう》禅師の下で一生懸命修行をしていました。あるとき、南嶽禅師がやって来て「お前さん、熱心に修行をしているけれども一体何のためにやっているんだい」と聞きました。馬祖道一は「もちろん悟りを開いて仏になるために修行をしているのです」と答えます。

すると南嶽禅師は「ああ、そうかい、そうかい」と言って去っていったと思ったら、瓦を一枚持って戻って来て、馬祖道一の隣で瓦をギーギーギーギー音を立てて磨きは

じめました。うるさいので、「老師、お言葉ですけれど、一体何をされているんですか？」と聞くと、南嶽禅師は「この瓦を磨いて鏡を作ろうと思っているんだよ」と言いました。「失礼ですけれども、これは瓦ですからいくら磨いても鏡にはならないのではないですか」と言うと、「それならお前と同じことじゃないか」と返したというのです。

つまり、仏でない者が一生懸命仏になろうとしても、それは瓦を磨いて鏡を作るようなもので、仏になんかなれるわけはない。要するに「お前は修行が根本からわかっていないんだ」と言ったわけです。

私たちは本来仏であり、仏であるから仏に気づき、仏になれる。自分でない自分を一生懸命求めても絶対に仏にはなれない。だから、まず自分が仏であることに気づきなさい。そして磨いていきなさい、と南嶽懐譲禅師は言ったのだと思うのです。

「仏行」という言葉を禅では使いますね。これは、禅は仏になるための修行ではなくて、仏の行いなのだという意味ですね。仏が仏であるということに気づくために修行をする。仏になるのが目的ではなくて、もうゴールに立っている。私たちはつい道の向こう側にゴールや目的地があって、そこまで一生懸命行こうと考えますが、実は私たちの歩いている一歩一歩がゴールなのだということですね。

先ほどの平常心とのかかわりで言うならば、先へ先へと足りない自分を求めようとするのではなくて、今いるところにただ立って、そこにあるゴールを味わうということが平常心なのかなというふうにも思います。

幸せになりたいのなら、今の自分をすべて認めること

阿　「行く末に　宿をそこと　も定めねば　踏み惑うべき　道はなきかな」という一休禅師の有名な歌があります。この先にどこかの宿に行こうと目的地を設けなければ踏み迷うことはないんだ、と。これはつまり、どこの道も正しいんだということを言っているわけですね。

人生は先がわからない迷路のようなものです。でもそれは行き止まりがない迷路だと私は思っています。行き止まりがあったら正解と不正解に分かれてしまいますが、

行き止まりがなければどの道を選んでも必ず前に進むわけです。すべての一歩が真実の一歩であるという思いで生きていくことが、禅の精神なのではないでしょうか。

そのように生きるために、まず自らが仏であるということに気づかなくてはいけないわけです。仏といっても世間一般では「仏になりたい」と思うことはなかなかありませんね。例えば入社試験の面接のとき、「あなたの志は?」と聞かれて「仏になることです」と答える人は、まず合格できないでしょう(笑)。

だから、この仏を「幸せ」とか「理想の自分」という言葉に置き換えてもいいかもしれません。人生には人それぞれ、いろんな目的や志があると思いますが、最終的には誰もが「幸せになりたい」、「理想の自分になりたい」と思って生きています。

そのために私たちは「今のままじゃいけない、こうしなきゃいけない」と自分を否定していきます。でも考えてみると簡単なことですが、「幸せになりたい」という人は絶対に幸せにはなれないんです。「理想の自分になりたい」という人は絶対に理想の自分にはなれません。これは保証します。なぜかというと、今の自分に対して「私は不幸せです」とか「私は嘘の自分です」という看板を掲げているからです。

私たちは今にしか生きていません。過去に生きている人もいないし、未来に生きることもできません。ずうっと今なんです。その今を否定して、「まだダメだ」「これではダメだ」「今の自分は偽物だ」「今は不幸せだ」と言っていたら、人生全部が不幸せになり、全部が偽物の人生になってしまいます。

幸せになりたいのなら、今の自分をちゃんと認めればいいのです。今しかないのですから、他と比べる必要はありません。そこがすべてということになります。そう考えると、磨塼作鏡のお話のように自分が立っているところがゴールなのだという考えになるのではないでしょうか。

私自身、けっこう目的志向が強くて、いつも「あれやらなきゃ、これやらなきゃ」と思うのですが、時々ふと「あ、今この瞬間、このために自分は生まれてきたんだ」と思うことがあります。例えば、朝パッと目を開けて窓の外を見ると青空がきれいで「あ、この空を見るために自分は生まれてきたんだな」と思ったり、境内でおじいちゃんとすれ違って「お早うございます」と挨拶をしたときに「あ、この人と出会うために生まれてきたのかな」と思ったり、子供を抱っこしてギュッと抱きしめたときに「あ、これをするために生まれてきたのか」と思ったり。

それはすぐにかき消されてしまって、また先々のことが心配で急き立てられるような思いになりますが……。でも本質的なことをいえば、何かのために生きるというよりも、ただ生きることそのものが目的なのかなと思います。

ところが世間では、「そんなことでは自堕落になる」「だらしなくなってしまう」「目的意識を持たない人間はダメだ」と、家庭や教育の現場でいつも上から説教されながら生きてきたのではないでしょうか。私もそう思っていた時期があります。でも、自堕落さというのは「今ここがゴールだ」という感覚から生まれるものではなくて、目的に対するプレッシャーとか目的が遂げられないという不安、あるいは目的意識が強いことに対する反動によるものなのではないかと思うのです。

横田　なるほど。目的がないから自堕落になるんじゃなくて。

阿　はい。逆に目的意識が強すぎて、それに向かうのに「どうせ自分はダメだろう」と思ったり、あるいは挫折をしてしまったときに自堕落になってしまうのではないかと。でも、そういうふうに自堕落になったときこそ、「今ここ」にドンと腰を据えるべきだと思うのです。

そうすると、自分のめざした目的とは全然違う「あ、こういう人生もあるな、そう来たか」みたいに新たな道が目の前に広がることもあれば、あるいは今までたどってきた道を「ああ、やっぱりそうだよな」と再認識して、さらに一歩踏み出す力になることもあるでしょう。

それは私自身のほんの小さな気づきですが、やる気をなくしてしまったとき、今この瞬間にこそ自分が生まれてきた意味があると思ったら、前に一歩を踏み出せたような気がしたのです。

自分が煩悩の塊であることを直視する

阿　『碧巌録《へきがんろく》』の第七則に「法眼慧超に問う」とあります。唐の時代には禅宗五家という五つの宗派がありました。曹洞宗、臨済宗も入りますが、その中に法眼宗という宗派がありました。その祖が法眼禅師です。そして、その弟子に慧超という人がいたのですが、二人がこんな問答をします。

慧超、和尚に咨う、「如何なるか是れ仏」
法眼云く、「汝は是れ慧超」

慧超の「仏とは一体どういう人物ですか」という問い対して、法眼禅師は「お前は慧超だろ」と答えたわけですね。

これは一瞬聞くとわけのわからないような問答です。「磨塼作鏡」の解説でも申し上げた通り、普通ならば「お前はすでに仏だろ。それに気づきなさい」とでも答えるところですが、法眼禅師は「お前はお前なんだよ」と言ったのです。

これは一体どういうことかというと、その前にうちのお寺の幼稚園であったことをお話ししたいと思います。涅槃会の行事のとき、子供たちにお釈迦様が亡くなった話をしたら、その数日後にある子が私のところにやってきて「お釈迦様はいなくなっちゃったんだよね」と泣いているんです。そのときに、「君がお釈迦様だよ」と言ったら、その子は「あ、そうか」とニッコリ笑って去っていきました。我々大人もそんなふうに頓悟《とんご》ができればいいのですが、「あなたが仏だよ」と言われても「あ、そうか」とはなかなかなりません。普通は「いやいや、私なんか仏には至らない。こんなに煩悩だらけだし」と思うでしょう。大人はどうしても仏と自分を比べていろいろ考えてしまうのです。

例えば借金で苦労している人なら「仏だと言われたからといって借金がなくなるわけでもないし」とか、失恋した人なら「急に恋人が見つかるわけでもないし」というように。そういう悩み苦しみから救われたいのに、何も変わらないまま仏だなんて言われても気休めにもならないということになるでしょう。

あるいは逆に、「俺は仏なんだぞ」と急に傲慢になって、自分は特別だと思う人だっているかもしれません。

だから慧超も「お前が仏なんだよ」と言われても、おそらく納得しなかったと思います。法眼禅師はそうした人間のもつ煩悩を無視して一足飛びに自分は仏だとする前に、「自分は自分だ」とまず自分を見つめることが大切なのだと言っているのだと思うのです。
自分はこんなに苦しい、自分はこんなに悩んでいる、自分はこんなに煩悩だらけで……と言っているけれども、その自分を見つめてみると、その自分こそが悩み苦しみをつくっているんですね。自分が煩悩製造装置なんです。煩悩の根源は何かと探っていくと、自分自身がそれなんです。

そんな自分が煩悩を払おうとするのは、煩悩をつくっている張本人が煩悩を払おうとすることですから、自分の体を自分で持ち上げるのと同じぐらい無理な話です。だから、煩悩があってはダメだと払うのではなく、まず自分が煩悩の塊であることを直視することが大事になるのです。

なるべくなら自分の煩悩は奥にしまっておいて、人にも悟られず、自分でも向き合いたくないと思うでしょう。「これは良くないことだ。自分はなんでこんな人間なんだ」と自分を責めてばかりだと自己嫌悪に陥ってしまうからです。それだから今度は自分を守ろうとします。でもそれは自分と煩悩を分けてしまうからそうなるのです。

実はこれは、一方の煩悩がもう一方の煩悩を痛めつけているだけです。煩悩は煩悩のことが大嫌いだからいつでも裁きたがります。自分が自分を攻撃して、それをまた自分で防御しようとしているのです。でも自分イコール煩悩ならばそれはナンセンスです。パラドックスのようですが、そうなりますね。

同じ欲でも意欲はイキイキと生きる原動力になる

横田　自分を良くしたいという欲を持つのはいいんじゃないでしょうかね。私は最近、『天台小止観《しょうしかん》』を勉強しているのですが、この間、阿先生から教わった小止観の二十五方便（五十六頁参照）は、最初に具五縁があって、呵五欲、棄五蓋、調五事と来て、行五法があるわけですね。その行五法の最初に欲が出てきます。これは我欲、わがまま、単なる自分の欲望だけを満たすのではなくして、まず心を調えなさいということですね。

私が注目したのは、「最初は外の情報や自分のわがままな欲望は調えなさい、それに振り回されていたらダメですよ」と言って、体を調え、呼吸を調え、心を調えてきたら、その次の段階に再び「欲を持て」というのが出てくるところです。この欲というのは「良い願い」ですね。もっと努力をしようとか、もっと頑張ろうとか。この欲は修行の原動力になるというか、いい意味での欲というのがあるわけですね。

阿　それは「意欲」と言ったらいいと思います。

横田　意欲ですね。意欲はいいんですよ。

阿　意欲と煩悩の線引きは難しいですが、天台的な解釈の一つとして、意欲が自分を苦しめたり人を傷つけるようになったところから煩悩になると思ったらいいかもしれません。

うちの幼稚園の子供たちを見ていると、皆、意欲の塊です。あれをしようがこれしようが何の屈託もない。みんな我の塊です。おなかが減ったとか、遊びたいとか、おもちゃくれとか言って。でも皆、悩んだり苦しんだり、人と競争したり、深刻な喧嘩をしたりはしません。そうやって生きているんですね。

それが成長して誰かと比較したりとか、コンプレックスを抱いたりとか、あるいは自分の目的達成ができなくてどうしようとか、不安を持ったり恐れを持ったりとか、そんなふうに苦しみを抱くようになると煩悩に変わってしまう。

横田　納得しました。私も意欲を持っているんです。昨日よりは良くなりたいから、今度はうまいことやってやろうと思う。

阿　それはないといけません。

横田　もう少し元気になろうとか健康になろうとか、あるいは新しいことに挑戦しようとか。こういう心を調えた上で良い欲を持てばいいというのが『天台小止観』の教えですね。最初からグルメの欲とはちょっと違う、あれ食べたいこれ食べたいという欲が招くのは肥満か生活習慣病ですよ。しかし、心を調えた上で良い欲を持って、それを継続するというのはいいんです。そしてその目的を達成するためにはどういうことをしたらいいか知恵を身に付けなさいと『天台小止観』にはちゃんと書いてある。

阿　今初めて知りました。そんないいことが書いてあったんですね（笑）。

横田　いやいや、本当ですよ。ちゃんと心が調ったら、良い思いを起こしなさい。そして次に「念」というのが出てきます。坂村真民先生の言われる「念ずれば花ひらく」の「念」です。その良い思いを思い続けなさい、そして努力をしていきなさい。

そのためにどうしたらいいか知恵を付けていきなさいと、ちゃんと筋道立てて書いてあります。我々の禅ではそんなこと何も教えないんですよ。『天台小止観』にはとてもいいことが書いてある。実に納得できました（笑）。

【二十五方便】

五縁（五つの準備をしましょう）

①持戒清浄《じかいしょうじょう》　戒律を保ち、正しい生活をする。
②衣食具足《えじきぐそく》　適度な衣食で心身を調える。
③閑居静処《げんごじょうしょ》　喧噪を離れ、静かで心が落ち着く環境を調える。
④息諸縁務《そくしょえんむ》　世間のしがらみや情報過多の生活から離れる。
⑤得善知識《とくぜんちしき》　よい師や仲間を得る。

阿五欲（五つの欲望を制御しましょう）

①色《しき》　男女の美しい容姿や、宝石やきらびやかな装飾品など、心を惑わすものへの欲。
②声《しょう》　男女の美声や、美しい楽器の音などへの欲。
③香《こう》　芳香豊かなものや、男女の肉体より放つ香りなどへの欲。
④味《み》　酒や肉などの美味しい食物への欲。
⑤触《そく》　手ざわりのよいものや、男女の肌の感触への欲。

棄五蓋（智慧を覆う五つの煩悩を捨てましょう）
①貪欲《とんよく》　五欲をむさぼること。
②瞋恚《しんに》　怒ること。
③睡眠《すいめん》　眠りをむさぼること。
④掉悔《じょうげ》　何かに振り回され心が落ち着かない状態（掉）。過去のことを悔やみ自分を責めること（悔）。
⑤疑《ぎ》　自分、師、仏の教えを疑うこと。

調五事（五つのことを調えましょう）

①調食　適度な食事をとること。
②調眠　適度な睡眠をとること。
③調身　坐禅の前・中・後に応じて身体を調えること。
④調息　坐禅の前・中・後に応じて呼吸を調えること。
⑤調心　坐禅の前・中・後に応じて心を調えること。

行五法（五つの心がけ）
①欲　仏道を願い求めること。
②精進　ベストを尽くすこと。
③念　悟りを得ることを念じ続けること。
④巧慧　巧みに智慧をはたらかせること。
⑤一心　心を一つにして専念すること。

完璧な人はどこにもいない

阿　お釈迦様は「一切皆苦」と言っています。あらゆるものすべてが苦しみである、一切合財ままならないと。なのに、ままなるものがあると思ってそれを求めていく。仏とはすべてがままなる存在だと思うかもしれませんが、お釈迦様が公認しているように、ままなるものは一切この世の中にはありません。そういうままならない存在同士、煩悩の塊同士が集まって、この宇宙をつくっているわけですね。

でも、これは悲観することではないと私は思います。例えば真っ黒の画用紙に白い点がちょっとあったら、私はこの白に憧れます。この白になりたいと思います。あるいは真っ白の画用紙に黒い点がチョンとあったら、「ああ汚れている、消さなきゃ」となります。でも、すべてが真っ黒だったら、あるいはすべてが真っ白だったら、黒も白も何もなくなってしまって、何が黒で何が白だと言えるのかということになります。

これと同様に、すべてが煩悩だらけだったら煩悩と言えるものがなくなってしまいます。言ってみれば、それがイコール菩提、イコール仏であると思えばいいのではないでしょうか。先ほど横田老師がお話しになられた「煩悩は即ち是仏」というのはそういうことではないでしょうか。

別の譬えをすると、ジグソーパズルはピースごとにそれぞれ形が違います。今は均一になっているのもあるようですが、昔のパズルは難しくて全部違う形でした。それを一個一個当てはめると完璧な絵になります。これと同じで、我々の存在もいろいろな形の煩悩があって不完全なものです。皆それぞれ完璧じゃない。完璧な人なんてこの世の中にはいない。しかし、それが全部合わさると完璧なものになる。それが仏の世界です。一部では不完全だけれども、その不完全なものがなければ仏の完璧な世界は成り立たないんです。そういう世界に私たちは生きています。

私たちはつい個々に完璧さを求めたがります。例えば、今のマスコミは上から人を裁きます。あたかも自分たちが完璧な聖人君子であるかのようなスタンスで人を責めていきます。でも、完璧な人などどこにもいないのです。四角四面のきっちりとした正方形を求めたとしても、結局はパズルの中の一つのピースに過ぎず、それが完璧なわけではない。パズルの中で四角くなろうが丸くなろうが、どんなことをしてもそれは煩悩の形のひとつでしかないのだと思うのです。

煩悩同士が支え合うところに慈悲が生まれてくる

阿　我々は全体ではじめて仏になるのであって、個々においては煩悩の塊なのです。それを完璧にならなければいけないと全部を正方形にしようとすると、自分はなんでここが出っ張っているんだろう、自分はなんでここがへっこんでいるんだろうと、コンプレックスを抱いたり、あるいは、お前はなんでここが出て、ここがへっこんでるんだ、と人を責めたりすることになります。

ギリシャ神話にプロクルステスの伝説というのがあります。プロクルステスは山の中に住んでいて、旅人が来るとすごく優しく、「ああ、お疲れでしょう。家でお休みください」と招き入れるのです。その家に入るとベッドがあって、プロクルステスはそのベッドに旅人を寝かせるのですが、もしベッドからちょっとでも頭や足がはみ出たりすると、それを斧でちょん切ってしまうのです。逆にベッドからはみ出ないほど体が小さかったら、グイグイ引き伸ばしてベッドの形にしてしまいます。そういう妖怪がいるのです。どういう意図でこんな神話が作られたのかはわかりませんが、これは完璧な人間などいないのに完璧な四角に当てはめようとする愚かしさを言っているのかなと私は思っています。

今の教育も子供たちを四角い教室に当てはめて、そこからはみ出てしまうような子供はＡＤＨＤ（注意欠陥／多動性障害）だとか発達障害だとかいってレッテルを貼っていきます。でも、はみ出た子供をちょん切るような教育をしていたら、先生や大人はプロクルステスと同じになってしまいます。

やはり皆が完璧ではないんだという意識を持って、自分の煩悩がどんな形であるかを見定めて、そして同時に相手にもまた違う煩悩があるんだと認めることが大事なのではないでしょうか。煩悩同士が対立したり、判断し合ったり、裁き合ったりするのではなくて、お互いにお互いの煩悩を理解し、認め合い許し合って、そして最終的に煩悩同士が支え合っていくというところに慈悲が生まれてくるのではないかと思うのです。

「スーフィズム」というイスラム教の中でも神秘的な教えがあります。そこで伝わる面白い寓話があります。「The 禅サンガ」を主宰する人気ブロガーで、私が親しくさせていただいている阿部敏郎さんという方から教えてもらいました。

ある人がお家に帰ったらアラーの神様からお手紙が来ていたんです。それには、「今日神殿に来てくれればあなたの今持っている思い悩みをすべて解決します。そうすればすべての荷が下りますよ」と書いてありました。手紙を受け取った人は「これはすごい！」と喜び勇んで神殿に行きました。

すると、たくさんの人が同じ手紙をもらったみたいで神殿の前にはすでに行列ができています。そこに並んでいると「では今から皆さんの悩み苦しみを全部なくしてあげますので、どうぞ神殿に入ってください」というアナウンスがありました。

神殿の内側に入ると、そこには無数のフックが掛けられていました。「このフックにあなた方の思い悩みを全部掛けてください。そうすればあなた方の心の中から思い悩みはなくなります」と言われて、皆がそのフックに自分の思い悩みを掛けました。

すると本当に思い悩みがなくなりました。みんな、「万歳！　苦しみから解放された」と大喜びです。それで帰ろうと思ったら、「お待ちください」とアナウンスがあり、「皆様方、それぞれ今までの思い悩みからは解放されましたが、どれか一つ別の思い悩みを持って帰ってください」と言われるんです。

そうしたらどうしたと思いますか？　皆、自分の悩み苦しみを取られてはいけないと急いで走って行って、自分の悩み苦しみを持って帰っていったというのです。知らない人の思い悩みより、今までずっと自分が慣れ親しんでいた思い悩みを持って帰ったほうがいいというお話です。

そんなふうにして自分の煩悩を引き受けて生きていくというのが大乗仏教の精神なのかなと私は思うのです。

道元禅師の『正法眼蔵《しょうぼうげんぞう》』「現成公案」の中に**「迷いを大悟するは諸仏なり　悟りに大迷なるは衆生なり」**という言葉があります。私の大好きな言葉です。「迷いに大悟するは諸仏なり」とは「迷いの中で大きな悟りを得るのが仏である」ということですね。そして「悟りに大迷なるは衆生なり」とは「悟りに対して大きな迷いを起こすのは凡夫である」ということです。

これは、仏になるとは悟りを求めることではなく、煩悩のど真ん中、今ここにいる自分が煩悩の塊のままで仏になることだと言っているわけです。悟りの境地がここではないどこかにあると考えてそれを求めようとするとかえって大きな迷いになってしまう。むしろ迷いの中に悟りがあると言っているわけですね。

迷い、煩悩というものは、スリランカなどの上座部仏教では良くないものと言われています。戒律を守って心の中の邪《よこしま》なものを排除しなければ仏にはなれないというのですが、大乗仏教や禅の考え方では、それを払えば払うほど迷いを深めることになるとされます。だから、煩悩を持った自分がそのままで仏であるということに気づきなさい、というわけです。自分が煩悩なのですから煩悩は払いようがないし、それを払おうとするとよけい仏から遠ざかってしまう。そんな無駄なことはしないで、煩悩のある自分をちゃんと認めればいいということです。

五目おにぎりの譬え

阿　曹洞宗の僧侶である澤木興道《こうどう》老師は「坐禅というのは自分が自分を自分する」と言われていますね。

横田　そうそう。

阿　**「自分が自分を自分する」**とは一体どういう意味なのだろうかとずっと思っていたんです。普通に考えると、「自分というものをなくせ」というのが禅の教えだと思いますが、自分を捨てて何かを悟れというのではなくて、まず自分を生きなければダメだというわけですね。つまりこれは、自分の煩悩を引き受けて生きるというのが禅の生き方なんだという意味ではないかと思ったのですが、これは先ほどの「お前は慧超だ」という法眼禅師の教えと同じではないかと。自分は自分だろう、自分でない理想の仏を求めるのではなく、自分の煩悩を背負って生きなさい、というところにつながってくると思うのです。

横田　「自分する」というのは、考えてみれば今風な表現ですね。澤木老師が活躍し始めたのは昭和の初め頃ですか。

阿　そうですね。

横田　これは自分が自分であればいいということなのかなあ。仏教学者の小川隆先生のおにぎりの話はご存じですか?

阿　存じ上げないです。

横田　煩悩と菩提（悟り）をおにぎりに譬えているんです。一つは梅干しおにぎりの譬えです。米が我々の迷いです。梅干しが本来の心、仏心です。迷いを除いていくと、中に梅干しという素晴らしい悟りがあるというのですが、要するに具が仏で米が煩悩や迷いであるというわけですね。こういう考えは仏教には最初からあります。だから米を食べると梅干しが中に入っているというのはわかりやすいでしょう。

それからもう一つ、小川先生は「禅は五目おにぎりだ」と言われています。五目おにぎりというのは具が米に混ざっていますから、米だけを食べるわけにはいかないし、具だけ食べるわけにもいかない。だから混ざり合った全体がおにぎりなんですね。小川先生がおっしゃるには、北宗の禅は梅干しおにぎりのようなもので、煩悩や迷いをすべて取り去った後に素晴らしい仏がある、言い換えると塵を取り除いて清浄な心になるという考えだったと。でも、南宗の馬祖道一が出てからの禅は五目おにぎりであって、日常の現実のさまざまな悩み苦しみの中にちゃんと仏の心が混ざっているというわけです（笑）。

阿　五目おにぎりはどこから食べてもおいしいわけですね。

横田　そういうことなんです。このおにぎり説はどうですか。

阿　これはわかりやすいですね。

後も先も同じだと思えば比較する必要はなくなる

阿　ナーガセーナという名の仏僧とギリシャのミリンダ王（メナンドロス王）との対話を記した『ミリンダ王の問い』という文献があります。ミリンダ王はアレクサンダー大王がインドを攻めたずっと後になりますが、二世紀頃に北西インドを統治した王です。ナーガセーナについての詳細ははっきりしませんが、その地で活躍した学僧のようです。西洋的思惟と東洋的思惟のぶつかりあいがここでなされるわけですが、最終的にミリンダ王はこの対論を機に仏教に帰依することになります。その対論の中でこんなやりとりがあるんです。

ミリンダ王が「あなた方の教えでは、たとえ百年間も悪行の限りを尽くしたような大罪人さえ、ひとたび念仏すれば天上に生まれるというが、それを信じることができない。その一方であなた方は一度でも殺生を行ったものは地獄に堕ちるといっているではないか」と問います。

するとナーガセーナは「王様、水に小さな石を投げたら沈みますね。でも船に載せたら沈みますか?」と言いました。ミリンダ王は「いや、沈まない」と言いました。次にナーガセーナはこう言いました。「では百の車に積むほどたくさんの石を船に載せたら浮かびますか?」。ミリンダ王は「それも浮かぶ」と答えました。そこでナーガセーナは王にこう言うのです。「王様、念仏というのも船と同じようにお考え下さい」と。つまり大きな煩悩であっても小さな煩悩であっても、仏というのはすべての人を平等に救って仏様の世界に連れていくものなのだということです。この話は源信の『往生要集』の中でも引かれています。

横田　ああ、そうですか。

阿　キリスト教の中でも「葡萄園のたとえ」（『新約聖書』「マタイによる福音書」第二〇章）という似たような話があります。ある葡萄園の主がいました。その園主が葡萄の収穫の時期に、朝から町に行って日雇い労働者を集めました。「一日働いてくれたら一デナリ（デナリというのは当時の貨幣）払うから」と言って労働者たちを農園に連れてきました。それから九時ごろにまた町に出かけて行き、何もせずに立っている労働者に「一日働いてくれたら一デナリの賃金を払う」と言って連れてきました。さらに十二時ごろと三時ごろに再び町に行き、「一日働いてくれたら十デナリ払うよ」と言って労働者を集めました。五時ごろにまた町に行くと、まだ立っている人がいるので、「どうして何もしないで一日中立っているのか」といって、また同じ条件で労働者を葡萄園に連れてくるのです。

するとおに葡萄園で働いていた人たちが文句を言いました。「俺たちは朝から働いているのに一デナリで、昼から来た奴らも、夕方に来た奴らも同じ一デナリというのは不公平じゃないか」と。これは当然ですね。しかし、園主は「いや、私はどんな人にも葡萄園で一日働いてくれたら賃金は一デナリと決めているんだ。それのどこがいけないんだ」と言った、という話です。

これは神の国を譬えたお話なんです。葡萄園の主が神様で、葡萄園は天国です。つまり、早く天国に行こうが、遅く天国に行こうが、天国に来たら皆同じなのだと教えているわけです。だから聖書の中では「神様は後に来た者を先にする、先に来た者を後にする、そういう存在である」と書かれています。

この話を経営者の人たちにすると、「後も先も同じということはありえないでしょう」と言います。そこは一般社会の常識と宗教の違いですね。これはキリスト教だけでなく、仏教も同じです。

浄土教にも「千歳の闇室」という話があります。曇鸞《どんらん》の『往生論註』の中に出てくるのですが、千年間ずっと暗闇の世界があって、そこに蝋燭の光を灯すとどうなるかというようなお話です。どうなるでしょう？

横田　なるほど、なるほど。一瞬にして明るくなりますね。

阿　千年間も暗かったからといっても、一回明かりを灯せばパッと明るくなる。それと同じで「南無阿弥陀仏」と一言唱えればパッと極楽になると浄土教は教えているわけですね。後も先も関係ない。他人と自分を比較する必要もないんです。

ただ信じることによっても十分救われる

横田　一遍上人に「**となふれば　仏もわれも　なかりけり　南無阿弥陀仏　なむあみだ仏**」という歌があります。でも、時宗の人はこれが一遍上人のものだとは認めていなくて、これは後世の作であると言っていますね。

阿　確かに一遍上人の作ではないと言う方もおられますね。

横田　でも語録には載っていますからね。この問答が行われたのは神戸にある宝満寺というお寺なんですね。ここは法燈国師《ほっとうこくし》が開祖のお寺で、今、私の友人が住職をやっています。その近くに真光寺というお寺があって、ここで一遍上人は亡くなっています。でもいい歌ですね。

阿　そうですね。一遍上人の人柄も表れていますよ。

横田　『一遍上人語録』を読むと非常に禅的だと感じます。熊野大権現に参堂して「信不信を選ばず」とまで言っているんですよ。信じようが信じまいが既に救われているというのが熊野本宮のご神託ですからね。それはもう信ずる前に救われるというようなことですよね。

阿　念仏と禅は同じことを言っているように思えながらも違うことを言うことも多いから難しいところです。

横田　うちの朝比奈宗源老師が禅だけではいけないと言っていました。村田静照とか七里恒順《しちりこうじゅん》という名前はご存じですか。

阿　どちらも存じ上げません。

横田　七里恒順というのは清沢満之（明治時代の真宗大谷派の僧侶）より少し早い時代のお念仏の人で、博多におられました。そのお弟子が村田静照和上で、伊勢にいて念仏三昧の生涯を送った人です。

朝比奈老師は三十一歳で修行を仕上げて、浄智寺の住職になりますが、あるとき法事の後に「自分は仏心について悟りを得て、本当に納得がいった」と言ったら、親戚のおじさんだったか八十歳の老人が「あなたはそれでいいけど、私なんか今から坐禅もできないしその道をきわめる気力もない」と言われて愕然とします。それまで自分は何のために修行していたのかと思ったんですね。

それでお念仏の村田和上のところに行って「念仏の信」を体得するんですよ。それ以来、朝比奈老師は「仏心は体得することができるけれど、信じることによっても十分救われるのである」と言って、仏心の信心ということを提唱しはじめるんです。

村田和上の言行録があって私も勉強しているのですが、あるお婆さんに和上が「阿弥陀様に自分たちは救われていることを信じればいいんだ」と言うんですね。しかしお婆さんは「信じれば救われると言われても信じられない」と言って、「救われる確かな証拠はどこにあるんですか」と聞きます。そうしたら村田和上は、教学的なことではなくて日常卑近な話をするんですね。

「あなたには子供はいるか?」

「子供はいます」

「学校に上げたか？」

「学校に上げました」

「子供が学校に入るときにあなたと学校の間でいろんな取り決めがあっただろう」

「ありました」

「それをいちいち子供は理解して学校に入ったのか」

「いや、子供は何も知らずに入っています」

「それと一緒である。あなたが理解しようがしていまいが、とうの昔に阿弥陀様が救ってくださるという話は済んでいるのじゃ。南無阿弥陀仏、南無阿弥陀仏」


こう言ったわけです（笑）。

阿　すごい。その話を聞くとハっとしますね。

横田　念仏の人というのは禅的なる場合がありますね。村田静照という方はすばらしい人ですよ。

第二章

自分とは何か

自分を知らなければ人生の根本問題は解決しない

阿　最近は「自分とは何か」「自分はどう生きるのがいいのか」といった問題に関心のある方が多いようです。それにまつわるような幾つかの禅語を挙げてお話をしてみたいのですが、まず「己事究明」という言葉からはじめたいと思います。自分自身のことを究明するという意味ですが、これは坐禅をする者にとっての本分だと言っていいでしょうね。

近年、坐禅がブームになってきて一般の方も取り入れるようになりました。美容健康にいいとか、リラックスできるとか、集中力が高まるといった理由で興味を持つ方が多いようです。実際に坐禅にはそうした効果もありますし、こうした興味から坐禅をはじめるのも素晴らしいことです。しかし、それだけが目的ならばジムに行ってもいいし、美容健康に役立つ商品を通販で買ってもいいわけです。

少し前には、坐禅をすると脳内に幸せホルモンの一つであるセロトニンが出るから幸せになれる、リラックスができる、α波が出ると盛んに言われました。脳科学がさらに発達したら、そういうセロトニンを出すような薬ができるかもしれません。そうすると「会社が倒産してしまった。どうしよう。そうだ、この薬を飲めば幸せになれる」「子供が死んでしまって悲しい。でも、この薬を飲めば幸せになれるから大丈夫だ」というような時代になるのかもしれません。

しかし、果たしてそれで人生の根本問題が解決するかと言えば、決して解決しないでしょう。薬は単なるその場しのぎであって、根本的な人生の問題を解決するには「己自身を知る」ことを避けては通れないのではないでしょうか。

大燈国師（鎌倉時代末期の臨済宗の僧侶）は遺言で**「専一に己事を究明する底は、老僧と日日相見報恩底の人なり」**（『大燈国師遺誡』）という言葉を残されています。この言葉の前後の文章から意訳をしてみますと、次のようになります。

「私は亡くなるけれども、禅をする者であれば、お坊さんの組織の中で生活を良くしたいとか、上に取り入ってチヤホヤされたいとかそういうことじゃないんだぞ。たとえ一人郊外にいて、オンボロの萱《かや》の小屋で割れた鍋で野菜を煮ながら暮らしているような人でも、ちゃんと自分を究明しようとしている人であれば、私が亡くなっても毎日毎日私と出会って報恩をしている。そういう素晴らしい弟子となるのだぞ」

この言葉からふと思い出すのが、私の宗派（天台宗）の伝教大師最澄さんの言葉です。最澄さんが一度体調を崩して、もしかしたら次の後継者を選ばなければいけないかもしれないというときに、たくさんいた弟子たちは「誰が後継者になるのだろうか」とざわつきました。そのときに最澄さんはこうおっしゃいました。

「道心の中に衣食有り、衣食の中に道心無し」

「道心」というのは悟りを求める心のこと。悟りというのは本当の自分に気づくということですから、これは「本当の自分に気づくというのが本来の目的であって、生活をするためではないんだ」という意味になります。それなのにお坊さんの組織で誰がトップになるとか、どうやってこの組織を盛り上げていくかとか、そういうことばかり問題にしている。「そんなことのためにお坊さんがいるんじゃない。自分というものを究明していくためにいるんだ。そのための手段として生活というものがあるのだから、手段と目的を履き違えてはいけないぞ」と最澄さんはおっしゃったのです。

この話は現代社会ではなかなか使えません。最近はおいしいものを食べるグルメが主流になったり、洋服などもお洒落なものがあったりして、衣食住に幸せを求めるのが現代人のライフスタイルになっているからです。

しかし、そういう中にも横田老師のように着るものは衣しか持っていないし、食事も僧堂の精進料理で生活をされているような方もおられます。私などはそれほど流行にこだわっていないにしても外行き用の服を持っています。すると、「この色にはこの色を合わせたほうがいいかな」と考えてみたり、家内と久しぶりに外出するのでちょっといい服を着ていこうかと思って着てみたら、「こんなダサい格好の人と歩きたくない」とか言われて意気消沈したりします。また家族サービスでおいしいご飯を食べようかと、インターネットのグルメサイトで探したりもするわけです。

横田　けっこうな苦労ですね（笑）。

阿　苦労しています（笑）。それはそれで楽しみもあるのですが、突き詰めて考えたら、毎日おいしい物を食べたり、お洒落な服を着たところで何になるのだろうなと虚しさを感じます。現代人がグルメとかファッションとかを息抜きとして、あるいは一時的な幸せとして求めることは否定しませんし、どんどん求めてもいいと思います。しかし、それで人生が満たされるわけではないということですね。

自分を満たすためには自分自身を知らなくてはなりません。それを抜きにして、もっとお洒落になりたい、もっとおいしいものを食べたい、もっと美しくなりたい、もっとカッコよくなりたいというように、常にもっともっと、あれもこれもと求め続けても、永遠に満たされないまま生きていくことになります。やはり最終的には己自身を知ることが、仏教だとか宗教だとかとは関係なく、普遍的に人間誰もが考えるべき問題なのかなと思うのです。

ただ、今は個性礼賛の時代で、自分らしさというものをあまりに大切にしすぎる社会になっています。そのため、自分を鍛えよう、自分に向き合ってみよう、あるいは個性を確立しよう、自我をしっかり持とうという方向に一足飛びに行ってしまいがちです。しかし、その前にそもそも自分とは一体何なのかという問題をとことん突き詰めることが大事なのです。

肉体とは魂が出入りする殻のようなもの

阿　では自分を知るというのはどういうことなのか。自分とは自己紹介したところですべて説明できるわけではありません。どんなに言葉を尽くしても自分というものは語れません。名前や住所や趣味を語り、職業や性格を語ったとしても、それは私たちの本質ではありません。それらはオプションみたいなもので、人生が経過するうちにどんどん変わっていきます。そういうものが自分を代表するものではないということに気づいて、さあそこから自分とはなんだろうと問いかけるのがスタートになるのではないかなと思うんです。

横田　この間、スティーヴン・マーフィ重松という人が書いた『スタンフォード大学マインドフルネス教育』という本を読みました。いい本ですよ。このスティーヴン・マーフィ重松先生に、この間うちの修行僧に向けてマインドフルネス講座を実施していただきましてね。これが非常に禅的なんです。最初に二人ずつペアになって、

Who are you？ Who are you？ Who are you？ と問いかけるのですが、「これを五分間、答えがなくなるまでやれ」と。五分もやればさすがに言うことがなくなります。禅問答と一緒だなと思いました。

阿 なるほど。「倩女離魂《せいじょりこん》」という『無門関』にも引用されている話があるのですが、この話などは自分とは何かということを考える格好の題材になると思います。もともとは『離魂記』という中国の宋代に流行った幽霊ネタの伝奇小説の中に出てくる話です。初めてお聞きになるかもしれませんので、簡単に内容を説明させていただきます。

倩女という女性と、その許嫁の王宙という男性がいました。昔は、親の決めた許嫁と結婚しなければなりませんでした。でも、倩女と王宙はお互いまんざらでもなく、年頃になったら結婚しようと誓いを立ててました。

ただ、いざ倩女が結婚する時期になるとお父さんの気が変わって、「もっといい男がいるから王宙なんかやめとけ」と言って別の男と結婚させるんです。倩女と結婚できると思って楽しみにしていた王宙は失意のどん底に落とされて、科挙の登用試験を受けるためという言い訳をして村を出てしまいます。

村を出て旅を続けている途中、夜中に川の畔で寝ていると、たったったと足音がして「王宙様、王宙様」と名前を呼ばれました。ハッと起き上がって振り向くと、なんと倩女がそこに立っていました。倩女は「私は寂しゅうございます。あなたと一緒に駆け落ちしたい。このまま一緒に行きましょう」と言います。王宙も「ああよかった、私たちの愛は確かだったんだ」と喜んで、そのまま駆け落ちをして二人で過ごすことになりました。

それから何年も経って、二人の間には子供もできました。ところが、倩女がどうも寂しそうにしています。「一体どうした？」と聞くと、「子供もできてこんなに経つのに、やはり私は父親に不義理をしている。けじめとして父のところに行ってお詫びをしたい」と言いました。王宙も「確かにその通りだ」と思い、二人で実家に戻ることにしました。

しかし、いきなり子供を連れて「帰ってきました」と言うとお父さんがびっくりするだろうと、乗ってきた船に倩女と子供を残して、まず王宙だけが倩女の実家に行くことにしました。

実家に着いてトントンと玄関を叩いたら、お父さんが出てきました。王宙が「長年不義理をして申し訳ございませんでした。倩女と駆け落ちをして、もう子供もできました」と言うと、お父さんはポカンとした顔をしています。そして「一体お前は何を申しておる。久しぶりに会って気でもふれたのか」と言うのです。王宙が戸惑っていると、お父さんは「あれからずうっと倩女は家にいるぞ。お前と一緒になれなかったのがショックで、魂が抜けたかのようにずうっと寝ているのだ」と言いました。

王宙はびっくりしました。「いやいや、そんなことはありません。私たちには子供もできて、倩女もすぐそこの船のところで待っております」と言うのですが、お父さんは「いやいや、そんなことはない」と信じようとしません。

結局、使いの者を船にやって確かめさせることになりました。そうしたら、寝たきりの倩女と船にいる倩女の魂がふうっと合わさって一つになるという、そんな物語です。これは香港で『チャイニーズ・ゴースト・ストーリー』という映画になりました。

横田　そうなんですか。

阿　内容はかなり変えられていますが、私はその映画で初めてこの話を知りました。

『無門関』では、この物語をモチーフにして、王宙と駆け落ちをした倩女と自宅でずっと抜け殻になっている倩女の一体どちらが本物なのかという問答をするわけですね。さあ、どちらが本当なのかというと非常に難しい。『無門関』を書いた無門慧開禅師の評唱はちょっと難しいのですが、もしこのことの真実がわかれば「便《すなわ》ち知らん殻を出て殻に入ることは、旅客の宿するが如くなることを」というふうに言っています。肉体というものは殻のようなものであって、そこに魂が出入りするだけが人生だと言っているわけです。

殻の中に入って人生を生きて、そして死ぬときには殻から出ていく。結局、この人生というのは客人が宿屋に泊まって、またその宿屋から出るようなものだ。そのことがちゃんと理解できれば、このことの真実がわかるだろうと言っています。そして、もしそれがわからないのならば、突然死を迎えることになったときに、それこそ茹で蟹のように足をバタバタさせて苦しむことになりかねない。そのときになって、なんでこの真実を教えてくれなかったんだと文句を言うなよ、というように言っています。

人生にはさまざまなオプションが出てくる

阿　では、駆け落ちをした倩女と自宅でずっと抜け殻になっている倩女の果たしてどちらが本物なのか。ここにもう一つ、鬼の話があるんです。『衆経撰雑譬喩』という、一応鳩摩羅什が訳したことになっている仏典の中に書いてあるのですが、横田老師はご存じでしょうか？

横田　どんな話ですか？

阿　旅人がある空家に泊まっていると、夜中に鬼が死体を担いでやってきて、それを食べようとするんです。そうしたらもう一匹の鬼がやってきて、「それは俺のだ」と言って死体を奪い合っている。そうこうしているうちに陰に隠れている旅人を見つけるんです。鬼たちは旅人に、「この遺体はどっちのものかお前が決めてくれ」と言いました。そこで「最初に担いできた鬼のものだと思います」と言うと、後から入ってきた鬼が怒って旅人の腕をもぎ取ってしまいました。

そうしたら、最初に入ってきた鬼が「かわいそうじゃないか」と言って、死体の腕をもぎ取って旅人に付けるわけです。それを見て怒った二匹目の鬼が、今度は旅人の足をもぎ取りました。すると、もう一匹の鬼はまた死体の足をもぎ取って旅人に付けました。そうやってどんどん繰り返しているうちに、死体と旅人が完全に入れ替わってしまうわけです。

死体になった旅人が呆然自失として歩いていると、あるお寺に着きました。そこのお寺にいたお坊さんに旅人は「一体私は誰なんでしょうか。一体どうしたらいいんでしょうか」と尋ねました。するとお坊さんは「お前はそもそも誰でもないじゃないか」と言いました。それで旅人はポーンと悟ったという。本来誰でもないんだというわけですね。

この話と同じように、倩女に関しても、どちらが倩女かと思うかもしれませんが、どちらも倩女ではないというふうにも思うんです。

人生にはさまざまなオプションが次から次へと出てきます。そして我々には自我というものがあって、この自我はいろんなものを溜め込むのが大好きです。こういう自分、ああいう自分、これが欲しいと次々に求めます。それがこだわりになって自分の価値観を固めていくわけです。

それがいいときもありますけれども、その価値観に縛られて人生がうまくいかなくなってもずっとしがみついて動けなくなることがあります。わかりやすい話では、失恋をしたときに相手のことが忘れられなくて、あの人はずっと私のものだと思っていると怖いストーカーになってしまうわけです。でも、自分のものだと思っていたものが実は単なるオプションであると分かれば少し気が楽になります。現在恋愛中の相手をオプション呼ばわりしたら叱られますが（笑）

「自分の性格がいやだ」とか「なんでこんなことしてしまうんだろう」とクヨクヨすることがあっても、それはそういうオプションが仮に出てきただけであって本来の自分の姿ではないんだと思うとちょっと見方も変わってきます。

何もないと気づけば何でもやってやるという活力が湧いてくる

横田　倩女さんが駆け落ちして好きな人と一緒に暮らした。これは理想ですね。でも現実は、親を放っておくわけにはいかないから親のところに残らなければいけない。親の決めた相手と暮らさなければいけないというのが現実です。さて、どちちを選ぶか。

私は禅問答の現場で暮らしていますから、この「倩女離魂」の問答は相当の期間やります。どちらが本当かと問われて、「私は現実派だ」と答えると「それはダメだ」と言われるし、「好きな人と一緒になりたい」と答えると「それもダメだ」と言われるわけです。それを何か月も毎日朝に晩に問われると、もう言うこともなくなります。なんと答えようとご老師のほうは延々と「そんなもんじゃない、そんなもんじゃない、そんなもんじゃない」と否定しますから。とうとう降参して、ああ、もうこれはダメだなと思っているのが本当の自分だと気づくわけですね。

「夏痩せと答えしあとは涙かな」という句があります。その一つの問題のために問い詰められて身も心も痩せるぐらいくたびれてしまって、自分にはこんな問題は無理かなと思ったときに、「あっ、これが本当の自分なんだ」と気がつく。だから敢えて迷わす。ずうっと迷わして迷わして迷わして、追い詰めて追い詰めて追い詰めていって「夏痩せと答えしあとは涙かな」という心境に至らせるんです。

この「夏痩せと答えしあとは涙かな」というのは恋愛の句なんですよ。好きな人のことをずうっと思い思いて痩せてしまった。でも、その人から「あなた、どうしたの？　この頃ちょっと痩せたんじゃないの」と言われて、「夏痩せをしまして」と答えるんです。そして後で、私の思いをわかってくれないのねと涙を流しているという句です。

この問題で苦しめられて苦しめられて、身も心もやつれてしまった自分がただここにいたんだということに気がつくんです。そうすると、フラットというかゼロの自分に気がつく。それが「空」ということです。「空」という言葉は、逆に言うと無限の可能性を持っているわけです。何にでもなってやる、なんでもやってやると。

枠を外せとか概念を外せと言うと、それがこだわりになります。きれいさっぱり脱落をしてしまうと、料理なら料理もやるし、掃除なら掃除もやるし、老師のお側に行けば一生懸命お仕えもするし、なんでもやってやるという気になれる。我々が禅の現場でやっている問答というのは、相手が思っていることを否定し、それを奪っていくということです。「違う違う違う違う違う違う」と言って、とことん自信をなくすまで追い詰めていって、そこで、ああそうだったのかと気づかせる。

でも気がついたところで終わりではなくて、そのときに何が出てくるかというのが、次のテーマになっていくのでしょうね。そこで初めて本当の欲が出てくるんだと今北《いまきた》洪川《こうせん》老師などは言っています。本当の欲。大きな欲。別の言葉で言えば、志とか願心とかがそこから湧いてくるんだという表現をしています。何もなくなったからといって、そこで停滞してはいけない。逆に、何もないのならなんでもやってやろうと、むしろ活力が張ってくるようにならなくてはいけないんです。

そういう体験を何か月もやると、ホントに嫌になります。それで最後に開き直って、「もういいや」と言ったときに、老師は「それでよし」と。そこで、「あ、そうかぁ」

と気づくわけですね。「夏痩せと答えしあとは涙かな」というように。

「一無位の真人」に気づく

阿　その何もなくなった状態を「一無位《むい》の真人《しんじん》」と言うわけですね。これは『臨済録』にある言葉です。「無位」とは「位が無い」ことです。位には上下がありますが、もっと広く言えば、先ほども言った名前とか住所とか職業とか性格というような私たちに付随するオプションも含め、そういうものがない裸ん坊の誰でもない存在が「一無位の真人」なのかなと思います。

『臨済録』の問答を見てみますと、お堂に上がった臨済禅師が弟子たちにこう言います。

「赤肉団《しゃくにく》上に一無位の真人有り、常に汝等諸人の面門より出入す。未だ証拠せざる者は、看よ、看よ」（お前たちのこの肉体に無位の真人があるじゃないか。それが出たり入ったりしているじゃないか。それをはっきりとつかむことができない者は、ちゃんとそれを

見なきゃダメだ、見なきゃダメだ）

するとと弟子の一人が前に出て、納得いかないと言います。そして「どういうものが無位の真人なのでしょうか」と、もう一回尋ねます。すると臨済禅師はその弟子のところまで駆けていき、ガッと胸倉を掴んで「さあ言ってみろ、言ってみろ」と迫りました。弟子が「わかりません」と言おうとした瞬間、今度は胸倉を掴んでいた手をパンと突き離して「せっかくの無位の真人もこれでは乾屎橛《かんしけつ》だな」と言いました。

乾屎橛というのは糞掻き篦《へら》といって糞尿を掻き混ぜる篦というふうに解釈されていますが、禅の研究者として知られる入矢義高氏は、掻き混ぜる篦ではなくて糞そのもの、乾いた糞の棒だと分析しています。つまり「お前なんかその程度のものだ」と言っているわけです。そう言って臨済禅師はすたすたと部屋に戻ってしまうんですね。

この臨済禅師の行動は今なら暴力事件だ、パワハラだと訴えられるかもしれません。横田老師にお聞きしたかったのですが、これは臨済義玄の優しさでしょうか？

横田　ああ、親切でしょうね。

阿　私も親切なんじゃないかと思いました。その僧侶に「無位の真人とはこうだよ、ああだよ」と懇切丁寧に話せば話すほど理解できなくなってしまうわけですね。つまり、無位の真人はもうここにあるので、何かを間接的に唱えてもそれは絶対につかむことはできない。もうここにあるじゃないかと言って直接示さなければ、弟子のためにもならないというわけですね。

これを**「直指人心《じきしにんしん》　見性成仏《けんしょう》」**と言いますね。達磨大師の言葉とされています。白隠禅師が達磨大師の絵を描くときに、横によく「直指人心　見性成仏」と書かれています。そういうことでも有名な後半の二句です。

間接的に言葉で伝えるのではなくて、直接その人の心の奥底にぐっと入っていくというのが直指人心。そして、心の中にある仏をぐっと外に顕して、本当の自分を見せて仏にさせる。これが見性成仏ですね。本性を見て成仏するというわけですけれども、具体的にはこういうアプローチをするわけです。

この「直指」は、「直接下す」という意味の「直下」という言葉を使って「直下承当《じきげじょうとう》」とも言いますが、すべてが直接です。先ほど述べた臨済禅師の一連の行動は一切が滞りなくてすごい。弟子が疑念に思ったらさっと下りていって胸倉を掴んで、言おうと思ったらパンと突き放して糞だと言ってさっと去る。すべてが流れている。

ここで乾屎橛が糞掻き箆だとしたら「お前の無位の真人は糞掻き箆みたいなものだ」というように単なる比喩表現になってしまいますが、入矢義高氏の解釈のように「糞そのものだ」となると、弟子の心にダイレクトに迫って真実を示す力が感じられます。

自分はどこにいるか

阿　『臨済録』には、無位の真人について疑念を抱いた弟子が悟ったかどうかは書いていませんが、臨済禅師がしたようなアプローチをしなければこの弟子は一生救われなかったのではないのかと思います。そして、それが本当の禅のやり方で、横田老師は多分そういうのが得意でいらっしゃるのでしょう。普段は温和でありながら、弟子たちにはそういう部分も見せていらっしゃるのではないかと思うのですが、私は性根から小心者でございますので、無位の真人を伝えるのに胸倉を掴んだり、糞だとかは言えません。また万が一こっそり動画にでも撮られてユーチューブか何かに公開されてしまっては、謝罪会見とかをしてご迷惑をおかけしますので（笑）、ここでは対談にご同席の皆さんにやんわりソフトにこの無位の真人を実感してもらいたいと思います。

そこでまず一つ実験をしてみたいと思います。皆さん、自分というものを指差してみてください。そこに自分がいるでしょうか。人間は肉の塊ですね。この体のどこに自分があるのか指し示すことができるでしょうか。この脳こそが自分だと言う方がいるかもしれませんが、脳も肉ですからね。その中のどこに自分がいるのでしょうか。心があるじゃないかと言うかもしれません。じゃあ心は一体どこにあるのでしょうか。そして、それは自分なのでしょうか。

心も体も自分なのかどうか。それは本当に自分のものなのでしょうか。自分のものだと思ったとしても、体の細胞はどんどん分裂して何か月かで完全に入れ替わってしまいます。知らないうちに爪も生えたり毛も生えたり抜けたりします。それは勝手に動いているわけで、自分でコントロールしているわけではありません。心だってそうです。心もコントロールできているかといったら、これから五分後に自分の心がどうなるか、我々には全く想像できません。

それこそ、朝気持ちよく目覚めたと思ったら、子供がキャアキャア騒いだり、奥さんに嫌みを言われてカチンときてイライラすることもあるでしょう。あるいは、「よし、今日は仕事するぞ」と鉢巻きを巻いてパソコンに向かったけれども、知らないうちにヤフー検索やら何やらでゴシップネタを調べたりしている。ホントに心はころころと動きます。だから「こころ」と言うのかというぐらい動いています。

もう一つ実験してみましょう。皆さん、ちょっと右手を上げてみてください。なぜ上げたのですか？　今度は右手を下げてみてください。なぜ下げたんですか？　そんなに私の言う通りにするのなら、財布を出して私にください。それは嫌で抵抗するんですね。

さて、これは自分の力、自分の意思でやったことでしょうか。もし自分の力や意思だったら、上げたいときに上げるし、下げたいときに下げるでしょう。どこからどこまでが自分の意思で、また自分の意思ではないのか。それを区別しようにも自分でははっきりわかっていないんです。

それでも脳が指令しているじゃないかと言われるかもしれません。それは本当でしょうか。ベンジャミン・リベットという脳科学者が一九八〇年代に大きな発見をしました。それは、脳神経を見てみると意識というのは動作より〇・五秒遅れてくるというのです。例えば自分が体を動かします。これは脳が指令して動かしていると私たちは常識的に思っています。でも、実は動いた後に〇・五秒遅れて脳が初めてそれを後付けして「動いた」と認識しているらしいのです。そうすると、脳が指令を出して体を動かしていると単純に言えなくなるのです。

では、一体誰が指令しているのかというのが大きな問題になります。そこから人間に自由意思があるのかないのかが議論されるようになって、未だに決着はついていません。選択の意思があるという意味では自由意思があるといえますが、意識というものがどういうふうに生まれるのかということは脳科学の最大の謎になっています。

過去の記憶や言葉が自分をつくっている

阿　今から百年ぐらい前にアンリ・ベルグソンという哲学者がいました。私がすごく好きな哲学者ですが、ベルグソンも脳の中の意識というのは単なる電話の中央管理局のような仕事をしているだけのものだと言っています。だからすべての采配をしているわけではなくて、いろいろなものをつないで、さまざまな行為の後付けをして、さも自分がやったかのように思い込んでいるだけなのだと。それが脳の働きだというのです。だとすると、自分の心というのも果たして本当に自分でコントロールしながら生きているのかというと、どうだろうかと疑問に思うわけです。

自分の体も自分の心も自分のものではないのなら、自分とは何者なのでしょうか。自分では、自分が自分だと思っているわけですから、自分はここにいるじゃないかと思っています。でも、本当に今ここに自分はいますか？

もう一つ実験をしてみましょう。ちょっと目をつぶってみてください。そこで過去の記憶や知識に一切頼らず、今ちょうど鳴っている空調の音とか、今椅子の上に坐っている感触とか、今という瞬間に起こっていることだけ意識を向けてみてください。その状態で自分が誰なのか把握することができますか？

あなたの名前は？　どこに住んでいますか？　どんな仕事をしていますか？　年はいくつですか？　男ですか、女ですか？　座っていますか、あるいは立っていますか？

さあ、どうでしょう。きっと自分のことについて何一つ把握できないのではないでしょうか。私たちは、自分が確かに存在していると思っていますが、実は自分というのは過去の記憶や言葉の中にしかいないのです。その過去は文字通りすでに過ぎ去っているので、それは頭の中の幻想にしか過ぎません。今ここに存在していると思うかもしれませんが、そこに自分をいくら探しても見つからないのです。

それを仏教では「無我」と言います。先ほど申し上げた「無位の真人」もそうです。「無我」と言うと、自分が消えてしまって空虚になるように誤解されるかもしれません。しかし、そうではないんですね。そういう意味で「無位の真人」の公案は素晴らしくて、「無位の真人としてここにあるじゃないか」と言っているのです。「無い」のではなくて、もうここが無我なんですね。それが今ここにある歴然たる事実なのに、それに気づいていなくて、自分が実在すると思い込んでしまっているんです。

「無」という言葉がわからなくさせてしまっているかもしれません。有る無し論になってしまうので、無い世界が有るのか、無我の世界が有るのかと思いがちです。それは完全に矛盾していますね。無我の世界が有るのなら無ではなくて有ではないかということになってしまって、ぐるぐると永遠の議論になってしまいます。

無我というのは老荘思想を好む中国寄りの翻訳とも言えます。正確さを期するなら、仏教で無我の状態を表すときには、「非有非無」（我は有るわけでもないし、無いわけでもない）という言い方をします。これが言葉で表現する限界です。

そもそも無我というのはサンスクリット語「アナートマン」（anātman）の漢訳で、「アン」（an）は否定辞で、「アートマン」（ātman）が「我」という意味です。仏教学の大家である中村元氏は、「無我」というのは、否定辞の捉え方によっては「非我」とも解釈でき、そのほうがお釈迦さまの悟った内容に合致していると仰っています。

まあ「非我」と言っても完璧な表現とは言えないかもしれませんが、そのほうが確かにわかりやすいです。「非我」であれば「自分も何も存在しない」のではなく、「自分だと思い込んでいたものが、実は自分ではない。自分の所有物だと思い込んでいたものが、実は自分のものではない」ということになります。そう解釈するほうが誤解も少ないように思います。

すべてはつながっている

阿　そこで次の「本来無一物」という『六祖壇経』にある言葉につながってくるわけです。本来、何一つとして私たちは持っていない。「無我」というのは、まさにこの言葉に尽きるわけですね。自分の体は自分のものだと思っても、自分のものじゃない。自分のこの体はどこからどこまで自分かというと、普通は「皮膚から内側が自分で、外側は自分じゃない」と考えますけれど、これだって勝手な話です。

皮膚と空気の間は全く境目がないし、皮膚呼吸をしているわけですから、自分というものよりも皮膚と空気の関係性のほうが非常に強いわけでしょう。もし皮膚が喋れるのなら、「あなたなんか知らないわよ」と自分に対して言うかもしれません。

例えば富士山はどこからどこまで富士山かというと、別に境界線が引いてあるわけではありませんですよね。地図上で仮にここからここまでを富士山としようと決めているだけです。実際は何の途切れもなく地続きで、それは本州、地球、宇宙とつながっています。ですから、富士山は単に富士山ではなく、イコール宇宙であると言えるのです。自分という存在も同じです。この宇宙のあらゆる存在が隔たりなく一つの存在としてあるのではないでしょうか。

「無我」の別の表現で「空」という言い方もありますが、これも誤解されやすいですね。「空」といっても空虚とかカラッポということではありません。私の大学時代に福井文雅先生という天台宗の学僧で、仏教と道教の研究でも有名な先生がおられました。もう亡くなられましたけれども、福井先生は授業でとても面白い譬え話をしてくださいました。あるとき仏教でいう空について説明するために、こんなお話をされました。「君たち、空と無の違いがわかるか」と聞かれ、「わかりません」と答えると、先生は「何か単語を作ってみればすぐわかるよ」と言われたのです。つまり、椅子だったら空席と無席、車なら空車と無車という具合に単語を作るわけです。空席なら座ることができますが、無席だったら座ることはできません。空車であれば乗ることができますが、無車だと車がそもそもないので乗ることはできません。

空というのはつながっているわけです。無だと何もつながりがなくなってしまう。それが空と無の大きな違いだと福井先生は言われました。

私たちはつい様々なものに境界線を引いて、「これは自分だ」「自分のものだ」と自と他を分けてしまいます。そうすることでどちらが優れているか比べ合ったり、損得を気にしたり、時には諍いを起して人を傷つけてしまいます。国同士もお互いの国益を守ろうと戦争をしたりしてますね。

「我」というのは境界線を引くことによって現れるのです。それが苦しみの根源なんです。でも、その境界線は幻のようなもので思い込みにすぎません。本来この世界にあるものすべてが誰のものでもないのです。「存在がただ存在をしているだけ」というふうに言ってもいいかもしれません。それが「本来無一物」という言葉にもつながってくると思うのです。

私たちは何も持っていないし、誰のものでもない

阿　そこで、この「本来無一物」を解説したいと思います。達磨大師から数えて五祖に弘忍禅師という方が出ました。そのときにはもう七百〜八百人ぐらいの大きなお弟子さんの弘忍禅師になっていたそうです。そろそろ後継者を選ばなければいけないというときに、一番出来のいい神秀という弟子に「お前が後継者になるのなら、自分の禅の心境を表すような詩偈を書いてみよ」と弘忍が言ったところ、神秀は一生懸命考えて次のような詩偈を作りました。

「身は是れ菩提樹
心は明鏡台の如し
時時に勤めて払拭して

塵埃をして惹かしむること勿れ」

この体は菩提樹、悟りの樹のようなものであって、この心は美しい鏡のようなものである。その体と心に埃がつかないように日々磨いて磨いて仏道につとめ、いつか必ず仏になる決意を表したわけです。

これは素晴らしいと誰もが思っていたところ、寺男として下働きをしていた慧能という男がすっと前に出てきました。この慧能は三歳のときにお父さんを亡くして、薪を売りながらお母さんを養って生活をしていました。学はほとんどありませんでしたが、どこかで金剛経という経典を聴いたときにぽーんと悟って、弘忍禅師のところに弟子に入ろうと行くのですが、学がないので認められずに寺男として雇われました。それでも文字は書けたのか、そんな慧能がすたすたと前に出て、木の枝で神秀の書いた詩偈をささささっと自分なりに書き換えました。それが次の詩です。

「菩提本樹無く

明鏡も亦台に非ず
本来無一物
何れの処にか塵埃を惹かん」

菩提の樹なんてもともとないじゃないか、明鏡の台ももともとないじゃないか、本来何もないわけのだから、なぜ何もないところの埃を払う必要があるのか、という意味です。

神秀は体と心を自分のものであると考え、それをしっかりと鍛えて煩悩の塵がつかぬよう日々修行に励まなければならないと考えたのに対して、慧能はいくら鍛えようが、どれだけ煩悩を取り払おうが、そもそもこの体や心は誰のものでもないし、本来私たちは何も持っていないじゃないか、ということを詩にしたわけです。これが「よし」と弘忍禅師に認められて、神秀ではなくて慧能が六祖に選ばれることになるのです。

結局は先ほどの境界線の話で、ただ境界線を取り払えばそれで仏なのです。自分を鍛えて自分とは別の仏になるとか、どこか別の場所にある仏の世界に行くのではなくて、今のこの自分がそのまま仏であることに気づけばいいのですね。仏というのは何の境界線もない、ただの存在そのものになることです。それに気づくことが大切だと言っているのではないかと思います。

横田　富士山に境目がないという話をされましたけれど、それで思い出したことがあります。有名な二人の俳人が富士と自分とは一体であるという句を作ったんですよ。一人は手島靖一という人で**「富士と我　隔つものなき　初明り」**という句を作りました。もう一人は、岡本貞峰という人で**「初東雲　あめつち富士と　なりて立つ」**という句を作りました。「初東雲」というのは初日ですね。天地丸ごとが富士山であると歌ったんです。禅の立場からみると後者のほうがいいと思います。

阿　断然いいですね。

横田　前者の「隔つものなき」というのは、逆に言うと「隔たっている」ということを認めているのですね。後者は、天地が丸ごと富士山となって立っている。つまり、自分もその中に溶け込んでいる。この後者の句はなかなかいいなあと思いますね。

否定し続けることによって自分をゼロにする

横田　阿先生が自分は本当はどこにいるんだというお話をされて、僅かな時間ですけれど迷わせていただきました。我々の禅であれば、先に申し上げたように「違う違う違う違う」と、朝昼晩朝昼晩と延々に問答が続きます。師家のやることはただ否定をすることだけ。教えることは一切しない。全部否定。最初から「あなたの考えていることは違う」「あなたの思っていることは違う」と延々とやり続けていきます。

そうすると自分というものがあるという感覚までが失われていきます。坐っていても透明人間のように肉体が透明になってしまって、風が吹いてきても風がぶつかるのではなくて吹き抜けていってしまうような感覚になる。ただ、目は残るんです。目はなかなか消えない。肉体が消えて目だけが空中に浮いているという不思議な感覚に襲われるんですね。

道元は『正法眼蔵』の「現成公案」でこう言っていますね。

「仏道をならふといふは、自己をならふなり。
自己をならふといふは、自己をわするるなり。
自己をわするるといふは、万法に証せらるるなり。
万法に証せらるるといふは、自己の身心および侘己の身心をして脱落せしむるなり」

この「自己をならふ」ということはわかりますね。自分自身をならうということ。でも「自己をわするるなり」、すなわち自分を忘却してしまう、自分があることすら忘れてしまう。これは難しいのですが、完全に自己を忘却した瞬間に「自己をわするるといふは、万法に証せらるる」となる。この「万法に証せらるる」とは、森羅万象がはっきりと自分に映し出されて明らかになるという体験です。

私どもの禅がなぜ否定をするとか奪うということをするかというと、皆、鏡に自分なりの考えで絵を描いているようなものだからです。我々は自分なりの考えで絵を描いて、その自分の描いた絵を「これが自分の描いた絵だ」と思い込んでいるんです。「展覧会一等賞は窓の外」という川柳があります。これは、どんな名画といえども大自然には及ばないということを詠んだ句です。だから、まず自分の描いた絵は素晴らしいと思っているものを全部消す作業をするわけです。当然のことながら最初はぐじゃぐじゃになりますけれど、完全に自己を忘れるまで、自分の描いたものが完全になくなるまで、磨いて磨いて磨いて磨かせる。曇った鏡を最後まで磨き切った瞬間に、それまで映らなかったものが全部映ってくる。そこで「こんなきれいなものが映ったのか」という経験をするわけです。

一点の曇りもないきれいな鏡であればなんでも映ります。こんなにいいものはありません。今までの下手な絵を大事に抱え込んでおく必要もなくなります。これを「万法に証せらるる」というわけです。森羅万象が全部そこに映ってくる。そこで初めて正しい状況判断とか自分の行くべき道とか、どうしたら世の中は良くなっていくのかとか、冷静に物事を見ることのできる知恵が生まれてくるんですね。

自分の絵だけを見ている限りは、塗ることしか考えません。だから、まず塗ることをやめさせる。つまり、自分の考えを捨てさせる、自分の思っていたことを否定させるんです。我々はだいたい最初の二年三年はひたすらそればかりやります。いわゆるダメ出しをするわけです。指導するほうも根気が必要です。

問答というのは毎日朝晩、多いときだと朝昼晩、延々とやり続けます。修行僧はだいたい大学まで出ていますから、自分の考えができあがっています。それをすべて壊させて、何もないきれいな鏡のようになると、いろんなことに気づいてきます。見ているとわかるのですが、毎日掃除をしていても人間というのは思い込みでしか掃除をしないんです。言われた通り、ここをやれと言われたらここをやる。

そうすると、それ以外のところが汚れていても気がつかない。でも、ゼロになるといろんなところに気がつくようになってきます。だから言われた通りではなくて、「ああ、ここが汚れているな、ここを掃除したらいいな」ということがわかる。ゼロになったからわかるわけですね。

掃除というのはこういうものだとか、先輩からこういうやり方を教わったというのであれば、そこだけはやれます。でも、その隣に何があっても全然気がつかない。一か所はきれいになるけれど、違うところは汚れたままです。そういうことに気づかない人間になってしまうんです。それだと掃除した後でも掃除になっていないんです。だから、否定をする。それを延々と繰り返していくとゼロになります。ゼロになるとはじめて、「ああ、ここが汚れているな」「今日はここを掃除したらいいな」ということが見えてくる。それが見えてきたら、ちゃんと自分で掃除するようになります。そういうことを我々は現場で若い修行僧たちにやっているんです。

だから、本当の自分に気づかせるためには、まず否定をする、奪う、そして気づかせるという順番です。「気づく」ところまでは否定と奪うことばかりします。けれども、この頃は否定しているだけでは難しくなってきました。今の人は根気が続かないというのか、難しいですね。

阿　禅道場を途中でやめてしまう人もいますか。

横田　ああ、それはもうね。それだけ根気が続かない。

阿　僧侶の資格を得るための修行道場でも、「こら！」と指導僧が手荒く叱ると、本人ではなくて親から「大切な跡取り息子に何をする。虐待じゃないか」と抗議されることがあるなんて話を聞いたことがあります。これでは修行が成り立たない。親もお坊さんなのに（笑）。

横田　難しいですね。

自他の境界線を外したら本当の自分に気づく

阿　今の道元禅師の言葉は有名な文句ですね。これを私はこう捉えています。最初の「仏道をならふといふは、自己をならふなり」というのは、まさに己事究明、自分を知る、自分を学ぶということです。

次の「自己をならふといふは、自己をわするるなり」で自分を学ぶことは自分を忘れることだといっていますが、忘れるということは自分の境界線を外すということになるでしょう。

次は「自己をわするるといふは、万法に証せらるるなり」と続きますが、万法とはこの宇宙のあらゆる全てです。境界線を外すとこの宇宙そのものによって自分の正体が照らされることになる。「あ、この宇宙そのものが自分の真実なる姿だった」と気づかされるわけです。それが「万法に証せらるる」ということではないかと。

そして、この「万法に証せらるるというは、自己の身心および佗己の身心をして脱落せしむるなり」といいますが、「佗己」というのは他者のことですから、自分の自我と他者の自我、つまり自分と他者との間の境界線が外れて「もともと何の境もないじゃないか」という境地になるということですね。これは**「身心脱落　脱落身心」**という有名な言葉になりました。

余談ですけれども、中国の天童寺の如浄禅師のところで道元禅師は修行をしていて、この「身心脱落」の境地を得たわけですが、仏教学者で鶴見大学の学長でもあった高崎直道氏のご指摘では、如浄禅師の語録には「身心脱落」ではなくて、それに似た「心塵脱落」の語しかないことから、道元禅師が「身心脱落」と言ったのは如浄禅師の「心塵脱落」を聞き間違えたのではないかとも言われていますね。

「心塵」というのは文字通り心の塵で、つまり心に積もった煩悩を落とすということになります。これは道元禅師の身と心の脱落とは意味が大きく異なります。しかし、道元禅師が聞き間違えたということはないと思います。当時の中国読みはどうだったかわからないのですが、現在の中国語の発音では「身心」は「シェンシン」、「心塵」は「シンシン」と「シンチェン」です。日本語ではどちらも「しんじん」ですが、中国語の「シェンシン」と「シンチェン」とでは発音が全く違うので、聞き間違えたとは考えにくいのです。なので、道元禅師は如浄禅師の「心の塵を落とす」という考えを超えて自分なりに解釈し直したとも考えられ、日本の曹洞宗の皆さんにとっては誇らしいお話になります。ただ真相はわかりません。

まあでも、本当の自分が何者なのかと追及すればするほど逆に自分を見失うという体験をする人は結構多いのではないでしょうか。実は本当の自分という言い方がよくなくて、自分の正体は何なのかといったほうがいいでしょう。そして、一番肝心なのはこの「何なのか」というところであって、自分を追求することではないと思います。

『正法眼蔵』の「現状公案」には**「自己をはこびて万法を修証するを迷いとす」**という一句もあります。「万法」とは先ほど申しましたように、宇宙のあらゆる存在のことです。「修証」の「修」は修行する、「証」は悟りですから、これは「修行して悟る」ということ。ですからこの句は「自分というものに頼ってこの宇宙の中に何か真実があるといって探し求めて悟ろうとすると、それは迷いにつながる」と言っているわけです。

本当の自分を探すとき、誰が探すかというと自分が探すわけです。自分が自分を探すんです。でもその自分がそもそも何者か分かっていないのですから、謎が謎を追い求めるみたいで、どこまでいっても謎が深まるばかりです。

続く一句には**「万法すすみて自己を修証するは悟りなり」**とあります。万法のほうが進んできて自分というものの正体を知らしめる。そこに悟りがあるのだ、と。

私は『「迷子」のすすめ』（春秋社）という本の中に「夜釣りの話」というものを書きました。釣り舟に乗って何人かで釣りに行くんです。ところが、釣りに夢中になっていたらいつの間にか夜になって、しかも汐に流されてどちらが港の方向なのかがわからなくなってしまいました。みんなで一生懸命サーチライトを照らして港を探すのですが、なかなか見つからない。そのとき、熟練した一人の老人が「そのサーチライトを消してみろ」と言います。「そんなことをしたら真っ暗になって怖いから嫌だ」

とみんなで反対しますが、老人は「いいから消せ」と強い口調で命令して無理やりに明かりを消させます。するとどうなったか。五分か十分も経つとだんだん暗闇に目が慣れてきて、浜の町の明かりがぼんやり見えてきました。それで、港の方向がわかって無事に帰ることができたというのです。

この話は、サーチライトを点ければ向こうの明かりが見えなくなって自分の居場所がわからなくなるけれど、サーチライトを消すことによって周りから照らされて自分の居場所がわかるということを教えているのです。

自分の正体を探す一番の邪魔者は自分自身だということです。サーチライトを消すというのは、本当の自分は何なのかと自分探しをするのをやめて「己を忘れる」ことです。そうすることで万法に照らされた本当の自分の姿が現れます。その姿を道元禅師の言葉で言えば**「尽十方界真実人体《にんたい》」**でしょう。この世界のあらゆるもの全部ことごとくが真実の自分であるという意味です。

奪い尽くし、否定し尽くした後に真実の自己が残る

横田　真実の自分とは何か。真実の自分を見つけさせる、探求させる。これはまさしく阿先生が話をしてくれました。例えば無位の真人をどう気づかせるか、どう体得をさせるかというときに、その探求の道筋のスタートは「趙州曰く、無」、つまり最初は無とは何か考えろと言っています。そしてそれぞれが無についての説明をしていくのですが、言葉による無の説明なんて毎日朝昼晩問答をやっていますと、よほど言葉の多い人、理屈の多い人でも三月《みつき》ともちません。それで言葉が出なくなっても許さない。さあ「無とは何か答えろ」と、どんどんどんどん追い込んでいきます。だいたい一年か一年半は「無」の問題をやらせます。これは先ほどから言っている否定ですね。

そして二番目は「奪う」。何か言ってきたことや考えついたことを奪うわけです。「庭前柏樹子の話に賊機有り」という問題がありますが、この「賊機」です。「賊」とは泥棒のことですが、禅語の「賊」とは相手が持っているものを奪うことです。奪っ

て奪って奪い尽くす。そして気づかせるわけですね。

そこで自己探求の道筋の三番目は「気づく」ということになります。**「皮膚脱落し尽くして、唯一真実のみ有り」**と言います。皮膚というのは皮ですけれども、これは先ほど阿先生が説明してくれたように自分についた位とかレッテルとか、そういうものを全部剥ぎ落としていく。剥ぎ落としていった結果、何が残るのかということを自分で気づかせるのですね。

その過程を釈宗演のお師匠さんである今北洪川は語録『蒼龍廣録』の中で次のように言っています。

「山野学者を鍛錬するに別事無し」（私は修行僧を鍛えるのには何も特別なことはしない）

この山野というのは洪川老師がご自身のことを謙遜されて言われたもので、学者とは仏道を学ぶ者で修行者を指します。

「大凡、世俗の学師は其の日々に得ること有らんことを欲す」（世間の先生方は、ものを教え、知識を増やして日々得るものがあるようにしている）

学問を日々学べば学ぶほど知識は増えます。だから、世間は学問によって毎日覚えて積み重ねていくことをやらせるわけですね。
「吾は其の日々に損すること有らんことを欲す」（私は日々学べば学ぶほど、失い、なくなってゆくことを望む）
しかし、自分は世間の先生方とは違うというわけです。
「之を損し又損して而るのち損する所無きに至る」（それをなくしてなくしてなくして、もう何も失うものがなくなるまで追い詰める）
自分は得たものを失わせる、奪い取るということだけをやるのだ、ということです。
「始めて固有の大道を自得して以て手の舞い足の踏むを知らざらせしむ、是れのみ」（何も失うものがなくなって、そこではじめて自己本来の「大道」という素晴らしい道に気づかせ、嬉しくて手の舞い足の踏むところを知らずという大歓喜を得させてあげる、これだけだ）
失うものがなくなって初めて本当の自分に気がつくということです。
「是の故に仏祖を以て来る者は、吾仏祖を奪い」（仏様あるいは達磨様や臨済禅師という祖師を一番大事に思っている人には、私はその後生大事に抱えている「仏祖」を奪って

あげよう）

仏様や祖師を求めて来る者はそれを奪ってしまう。

「聖賢を以て来る者には吾聖賢を奪う」（俺は坐禅して悟った、仏教を学んでこんなものを得たというものを持っているならば、そのお悟りを奪ってあげよう）

聖賢は平たく言えばお悟り。つまり、悟りを得たいと思っている者は悟りを奪ってしまうということです。

「意見を以て来る者には吾意見を奪う」（自分の意見を持ってきた者にはその意見を根こそぎ奪う）

これはそのものの意味ですね。自分の意見がある人からはその意見を奪ってしまう。

「学識を以て来る者には吾学識を奪う」（自分の学識経験を頼りにしている者はそれを奪う）

学識経験は豊かなほうがいいに決まっていますが、それが鼻につくこともあるし、邪魔になることもある。だからその学識をごっそり奪ってしまおうというわけです。

「弁聡を以て来る者には吾弁聡を奪う」（弁舌さわやかな者が来たならばその弁舌を奪

う）

聡明霊利な者からはその聡明霊利さを奪ってしまおう、と。

「世智を以て来る者には吾世智を奪う」（世間の知恵を持っている者はそれを奪う）

世智というのは世間の知恵です。そんなものも奪ってしまうというわけです。銘々本来生まれながらに持っている真実の智慧を開発するのが禅の修行です。世間の智恵などは世間虚仮という如く、一時もてはやされても本当のものとは言い難いところが多いのです。

「単々に奪い将《も》ち去って只ただ汝が皮膚脱落し了《おわ》って一真実の存せんと欲するのみ」（ただ奪い奪って、否定し尽くして、あなた方の皮膚脱落して一真実のみありという如くに余計なものが落ち尽くして、真実だけが残る）

奪い尽くして、否定し尽くして、この自分の本当の真だけが残るというところまで追い詰めると言っています。

「此の外吾別に希望する所無し」（これ以外に私は何も希望するものはない）

これが今北洪川老師のお考えです。我々のところでは、今でも忠実にその通りのことをやっています。

何も持たないということが一番強い

横田　ここで私が強調したいのは、禅というのは、すべて否定して奪い去ってすべてがなくなるからといって、虚無主義のように何もしないというものではないということです。

詩人の茨木のり子さんがマザー・テレサのことを歌った詩があります。

「自分を無にすることができれば
かくも豊饒なものがなだれこむのか
さらに無限に豊饒なものを溢れさせることができるのか」

これは道元の「自己をわするるといふは、万法に証せらるるなり」と大変よく似ています。この詩はマザー・テレサのことを歌っていますから、「さらに無限の愛を溢れさせることができるのか」と言っているわけです。マザー・テレサは自分自身のものを所有せず、自分の幸せもすべて捨てて捨て尽くしました。守るものもない、執着するものもない。だからこそ大きな働きができるということです。

こんな句があります。

「涼しさや　裸に落しものは無し」

何かを持っていると、それを守らなければ失くす不安が付きまといます。しかし、何も持たなければ、失くす不安がありません。だから強いのです。そんな何も持たない自分というものを体得させるのが禅の修行です。

だから今まで学んだものの否定が禅の道の第一歩となるんです。しかし、何も持たない自分というものに気づいたところで終わってしまってはいけません。気づいたらそれを持続させていかなければならない。

禅とは、すべてがなくなってすべてが無駄だったと言って終わるようなものでは決してないんです。それはあくまで入り口にすぎないのであって、そこからその気づきを持続させていく。これが真実の自己を探求する第四段階である「正念相続」です。持続していくということですね。それによって自らが主人公として生きることができるようになるのです。

昔、あるお坊さんが坐禅をしながら自分自身に「主人公、主人公」と呼びかけていたという話があります。本当の自分を見失わないようにするためです。これは自分自身を目覚めさせるために大変にいいことです。自分に自分で「しっかりしているか」と呼びかけたわけですね。

土岐善麿さんの『歌集・連山抄』の中にこんな歌が載っています。

「みずから喚《よ》び　みずから応え　たしかむる　主人公もなし　夏のけだるさ」

自分が主人公だなんて言っても、どうしても概念のレベルで終わってしまいがちです。あるいは言葉だけになったり、変に力んで空回りしてしまうこともあるでしょう。でも、そんな主人公なんていないわけです。そうではなくて、「ああ、今日は暑いなあ」というのが本当の主人公だというわけです。そのへんが「夏痩せと 答えしあとは涙かな」という句とつながるものがあります。

概念的なものを否定してしまって、本当に何も持たない生身の裸の自分に気づかせる。裸一貫というのは失うものがないからやはり強いんですね。この頃はあまり馬力なんていう言葉は使いませんが、馬力が出るんです。かくも無限なものが溢れ出てくるというのが、無ということの本当の働きであると私は思っています。

人間生きても百年、三万六千日

横田　人間生きても**「百年、三万六千日。翻覆《ほんぷく》元来是《こ》れ這《こ》の漢《かん》」**という五祖法演の言葉があります。「百年生きたとしても三万六千日。その間には翻ったり、引っ繰り返ったり、さまざまな人生経験をするだろうが、もともとこれこの通り、ただの男な

百年三萬
六千日

のだ」という意味ですね。どんなに称賛されようと、逆にどんなに落ち目になろうと、ただこの通りの自分がこうしてここにあるだけなんだということです。

褒められたからといって調子に乗ることもなければ、悲惨な人生だからといって悔やむこともない。この通りの自分がはっきりしていれば、この通りの自分が自分なりにできることを一生懸命誠実にやっていけばいい。そういう人生観が確立することになります。そうすると、外の毀誉褒貶《きよほうへん》に振り回されずに着実に生きていけるわけです。

常にゼロの自分を意識することができれば、いや、もともと裸一貫だと思えば、これが一番強い。そして、それに気づいただけで終わるのではなくて、気づいたところからそれを必ず正念相続、持続していくことです。そういう自覚から本当の至誠が生み出されてくるというわけですね。

「至誠は息《や》むことなし。息まざれば則ち久しく、久しければ則ち徴《しるし》あり」――これは『中庸』にある言葉です。「久しく途絶えることなく実践をし続けていけば、必ず何か目に見える形が現れてくる」ということですね。そこまで実践し続けていかなくてはならないのです。

禅の修行というのはそういうものです。否定をする、奪う、何もなくすることによって気づかせる。気づかせたところから大いに働いていく。自分の気づいたことを持続させていく、真を貫いていく。こういう生き方までいかなければ、無ということは完結しない。ただ単に「ない」で終わりではないんです。

昔の人はいろんな人生経験を積むうちに裸一貫の自分に気づいたのだろうと思いますが、我々の禅の世界ではその裸一貫の自分というものに気づかせるために、敢えてこういう問答によって突き落として、否定し尽くしていくんですね。

酸いも甘いも心得ているからこそわかることがある

横田　この五祖法演はなかなか興味深い人です。中国における臨済の中興の祖となる人ですが、三十五歳までは何をやっていたかわからない謎の人なんです。三十五歳で出家したということしかわかっていません。おそらく、それまでに人生の艱難辛苦を舐めてきたのでしょう。だから単に経典の言葉を引用するだけではなくて、小説を引用してみたりもするわけです。

興味深いのは、地獄に落ちたときにどうやって出てくるかという説法もあります。それによると、地獄から脱出をしようというのは下の下であって、地獄に落ちたならばまず「地獄の鬼たちと友だちになれ」と言うのです。鬼たちと親しくなって一緒に冗談を言い合ったり飲み食いをして、最後に鬼たちから別れを惜しんで見送られて出てくるんだ、と（笑）。それまでの禅の伝統の型を破っていくような力が五祖法演にはあったように思いますね。

それから面白いのは五祖法演がお弟子の仏鑑《ぶつがん》という非常に仏道修行に純粋な人に言った言葉です。最澄さんに「道心の中に衣食あり　衣食の中に道心なし」という言葉がありますね。衣食なんかは後からついてくるものであって、修行をするときに経済のことや食べることなんか考えるのはダメだという教えですね。仏鑑はまさにそういう教えのままに生きていたのです。

ところが、五祖法演はちょっと違うんですね。それがよくわかるのが仏眼清遠とのやり取りです。仏鑑があるお寺の住職になったので、五祖法演が訪ねていきます。そして「今年、お前のところの村ではどれだけ米がとれているか。お寺にはどれだけお納めがあったか、どれだけ収入があったのか」と聞きました。その問いに仏鑑は即答できませんでした。すると五祖法演は「寺の住持たる者、村が今どういう状況であるかということを把握していなくて、それで一山の住持と言えるのか」と言って怒りました。

五祖法演は酸いも甘いも心得ている人です。衣食は関係なく、ひたすら坐禅をしているというのは理想ですが、五祖法演はそうじゃないというわけですね。多分、仏眼清遠は世事に疎くて、むしろそれを誇っているところがあったのでしょう。そこで敢えて「きれいな水だけではダメだ」ということを教えたのでしょう。

こんな面白い話もあります。五祖法演は米を作って篩《ふる》う係を何年もやっています。そして修行が非常によくできあがっていくわけですが、遅くして出家をしたのに立派になっていくものですから妬みを買って、修行の終わりの頃に讒言《ざんげん》をされるんです。「あいつはこの頃女性と交わっている」とか「酒を飲み肉を食べている」とか、そういう噂が立ちました。それに対して五祖法演はどうしたかというと、わざと肉や酒を買って女性を寺に入れて毎日遊んでいたのです。

それが住職にまで知れわたって、とうとう「お前は破門だ」と言われてしまいました。そのときに五祖法演は「自分が遊んで使った残りのお金はこれでございます」と言って、今まで貯えていたものを全部出しました。それによって遊んでいたという事実が全くなかったということを示したんです。一言も言い訳はせず、敢えて非難されるようなことをやっておいて、最後に潔白を示したわけです。

それを見た皆は「すべて噂であった」と気がついたんですね。このように、きれいな水のところだけにいたような人間ではない実践経験が豊かな面白い禅僧です。

人生の機微が詰まった「法演の四戒」

横田　五祖法演には「法演の四戒」という有名な戒があります。

一．勢い使い尽くすべからず。勢い使い尽くさば、禍必ず至る。

一、福受け尽くすべからず。福受け尽くさば、縁必ず孤なり。
一、規矩行い尽くすべからず。規矩行い尽くさば、人必ずこれを繁《はん》とす。
一、好語説き尽くすべからず。好語説き尽くさば、人必ずこれを易《やす》んず。

勢いがあるからといってやり過ぎると必ずよくないことが起こる。福を独り占めしようとすると皆が自分の周りからいなくなってしまう。決まりだからといってそれを押し付けてばかりだと人にうるさがられる。いいことだからと言って何でも口にしていると人から軽く見られる。

これはまさに人間を研究し、知り尽くした人ならではの戒めです。法演という人はいろんな世界で生きてきた人だから現実がよくわかっているわけですね。

当時の三十五歳といえばもう立派な大人です。今で言えば五十ぐらいの感じじゃないでしょうか。だから人生の一通りのことをやって、これでは納得がいかないといって出家をしたわけです。そして八十幾つまで長生きをしました。

五祖山の住持になったのは宋の時代です。お師匠さんは白雲守端という人。この白雲守端は四十七歳で早死にしていますが、二十幾つで修行を仕上げた天才肌の人です。そのお弟子に五祖法演みたいな苦労人がいるのだから面白いですね。片方は何をやってきたかわからないような半生を送って、今ならば晩年に出家したような人、片方は早くから出家して出世をした人です。法演はお師匠さんの白雲守端より年をとっていたんですよ。四つか五つ年上だったはずです。

五祖法演の言葉で一番いいなと思うのは**「我、参ずること二十年　今まさに羞《はじ》を識《し》る」**というものです。痺れますね。五祖法演の言葉には人生の機微が感じられます。仏教だけを学んだ人とちょっと違う。それが魅力だと思います。

阿　なぜ対照的とも言える人を師匠として選ばれたのでしょうね。

横田　自分と一緒では面白くないということではないでしょうか。禅の世界を見ていると、師匠と弟子が全く違うタイプというのが多いですね。プラスとプラスはうまくいかない。白雲守端は禅の道をずうっと歩んできた人だからこそ、法演はこの人に学ぼうと思ったのではないかと思います。人生を曲がりくねって歩いてきた人は真っ直ぐ歩んできた人に憧れるようなところがあると思います。そういう人間として禅僧を見ていくと面白い。五祖法演なんかも調べれば調べるほど面白いですよ。

阿　花園大学の名誉教授である沖本克己氏が『禅　沈黙と饒舌の仏教史』（講談社選書メチエ）の中で述べておられますが、『景徳伝灯録』には千七百人の禅僧の名が記され、その中でも約千人の悟りに到るまでの経歴が書かれているそうですが、悟りの境地は一つのはずなのに悟り方はみんな違う、悟りに定まった道順はないと。

横田　ああ、禅僧というのは個性の集団なんです。

すべてを奪った先にある無限の可能性

阿　**「心こそ　心迷わす　心なれ　心に心　心ゆるすな」**という言葉があります。沢庵禅師の『不動智神妙録』の中に出てくるもので、当時流行っていた歌のようです。心が心を迷わすというのですが、心というのは一体どこにあるのでしょう。感覚的にはなんとなく自分の中にあると考えますが、仏教では全く逆で、心の中に自分がいると考えます。禅もそうだと思います。心が自分をつくっていると考えるわけですね。

先ほども話にありましたけれど、心というのは自分のものではないんです。ころころ変わっていってしまう。その中に自分というものが生まれて、他人も生まれて、世界も生まれる。すべて心の中なんです。

単純な話をすれば、朝起きてから今に至るまで、心の外に出たことはあるでしょうか。ちょっと疲れたから心の外に出てリクリエーションをしようなどということはありません。ずうっと今日一日、これしよう、あれしよう、なんか疲れたな、暑いな、などと心の中で思っています。

人間は生まれてから一度も心の外に出たことがないんですね。死後はわかりませんが、私たちが生きている間はずっと心の中にしか生きられません。心の中で、自分はこういう人間だ、自分の人生はこうだ、あいつはこうだ、世界はこうだとつくっているんです。横田老師もおっしゃっていましたが、自分で描いた絵だけがすべてだと思い込んでいて、その中だけで自分や自分を取り巻く世界を見ているわけです。そういう心が映し出す世界で、それぞれの人が皆生きているわけですね。

どうしてこんなひどいことが自分に起こったのだろうとか、あの人は気に障るとかいった思いや悩みは全部自分の心の中で作っている物語です。私たちは心によって惑わされたり、振り回されたりしているわけです。心による自作自演みたいなものです。「心こそ 心迷わす 心なれ　心に心　心ゆるすな」という歌は、そんな心に惑わされるなよ、と言っているわけですね。

私は天台宗の僧侶なのでちょっと天台の言葉も差し挟みます。天台大師智顗《ちぎ》という中国の天台宗を開いた人がいます。その人の有名な言葉に「一念三千」というものがあります。これは「一瞬一瞬に生じる心の中に三千の世界がある」という意味です。「三千」というのは「すべての世界」ということですが、天台大師智顗はそれを詳細に分類しています。

その代表的なものに「十界」があります。これは地獄・餓鬼・畜生・修羅・人間・天の六道という六つの輪廻の世界と、仏になるまでの修行の道を声聞《しょうもん》・縁覚《えんがく》・菩薩・仏という四つの世界に分類したものです。それぞれが具体的にどういうものかという説明は省きますが、そういう十の世界がすべて心の中にあって、これら一つひとつの世界の中にまた他の九界が具わっていると説きます。これを「十界互具」といいます。

ですから、すべては心の様相であって別々の世界があるわけではない。地獄から仏までが互いに通じ合って融通無碍《むげ》の状態だということです。仏の心の中にも地獄があるし、地獄の心をもつ人の中にも仏があるというふうに考えるわけです。

自分の心と仏の心は分けて捉えることはできない

阿　例えば悲惨な経験をした人には、この世界は地獄にしか見えないでしょう。でも、その同じ世界を仏のような心で生きることもできるのです。この違いは、さまざまな縁起が合わさって、人によって一番強い部分が表面に出ているということです。

子供のときから虐待を受けて育って、人に傷つけられることを学んだ人は、大人になって人を傷つけてしまうこともあるかもしれません。それはその人の育ちの縁起の中で、修羅の心が前面に出ているということです。しかし、そういう修羅の心の中にも、仏の心が必ず具わっているのです。逆に、仏のようだと言われている人であっても、自分の家族が殺されたとしたら憎しみで一瞬にして地獄の世界に陥ることもあるでしょう。

そう考えると、我々の心というものは皆平等であって、表に出ているものが違うだけなのです。そして、そうしたものはまさに心で描いた絵のようなものです。そういう絵を一切きれいに奪って何が残るかというと、天台の教えでは「諸法実相」といって「この世界のありのままの姿」が現れると言っています。そこには何もなくて、仏とか地獄という言葉もない。横田老師がお話しになったすべてを奪ったような状態になるわけです。

それはもちろんゴールではなくて、そこから新たに自分というものをつくっていく無限の可能性があるということです。ですから、どういうふうにでも自分はなれるんだということになるわけです。

般若心経に「色即是空　空即是色」という有名な文句がありますけれど、一回空を通って、それからもう一度色に戻ってみると、最初の色と次の色が同じ世界であっても全く違って見えてきます。まっさらなところを一回通ってもう一度この世界を見ると、今までは「なんてつらくて苦しいんだ」と思っていた世界の見え方が変わるのです。

最初の色は「実有」といい、一回ゼロになってみることが「空」、再び戻ってきた色を「妙有」と言います。「妙」というのは「素晴らしい」という意味です。つまり、素晴らしい存在としてこの世界を改めて見ることができるということです。それを見えなくしてしまっているのが私たちの心なんですね。

これはすごく複雑なところがあるかもしれないのですが、禅というのは心を非常に大切にしますね。「以心伝心」とあるように「心を以って心を伝える」と言いますし、あるいは馬祖道一禅師は「即心是仏」、つまり「この心が仏だぞ」と言っています。ただ、その心というのは仏心のことであって、ころころ変わるような心ではない。あらゆる境界線を外した大いなる心と言ってもいいかもしれません。

先ほども言いましたが、自分とは違うところに仏の心があるわけではない。本当は自分の心がそのまま仏の心なのに、それに気づかなくて境界線を引いてしまっているだけです。その境界線を外したら自分の心と仏の心は一緒で、区別することはできないわけです。

なので馬祖道一禅師は「即心是仏」と弟子に言ったのですが、しかし同時に「非心非仏」とも言っています。心でもないし仏でもないということです。大いなる心は仏だ心だと限定してとらえられるようなものではなく、言葉の理屈であれこれ考えるべきでないということでしょうか。

般若心経は「心の経典」ではなく「命の経典」

阿　蛇足になるかもしれませんが、般若心経は「心」という字が入っています。我々は「心経」と略したりしますが、「心の経典」ということですね。英語でも「ハートスートラ」と言います。「心こそ 心惑わす 心なれ」というように、心は煩悩を製造するものです。般若心経の内容も「自分の身も心もすべては幻であって、無いものなのだ」ということを言っています。それなのに心を表に出して「心の経典」と言っているのはなぜなのか。これも不思議です。

これはサンスクリットの原典の般若心経を見ると歴然とわかるのですけれど、般若心経の「心」というのは「フリダヤ」という言葉を「心」と訳しています。普通、煩悩をつくり、自分で自分を縛り、振り回すような心は「マナス」とか「チッタ」という言葉を使います。「チッタ」とは知識をいろいろ集めて作ったものという意味で、「マナス」は今で言うと「意識」というような言葉でしょうか。

ところが異国の文化で育まれた言語を翻訳というのは実に難しい作業で、中国で訳すときに混ざってしまい、フリダヤも「心」と捉えられてしまったわけです。

では、「フリダヤ」とはどういう意味かというと、もともとは「心臓」という意味です。これには「あらゆる命の根源的なもの、真髄となるようなもの」という意味があります。そこから「神秘的な力」という意味にもなり、「呪文」という意味を持つようになりました。でもそれは、ハリー・ポッターの小説のように呪文で願いが叶うとか人を呪うとかいうものではなくて、枠にはまった自分の心をバーンと解放していくためのものです。そういう意味を持つ呪文です。

心というのは自分で「ああでもない、こうでもない」「こうしなければ、こうしてはならない」「これは善だ、これは悪だ」と物事を分別して、そこにこだわってしまいます。そういう心のはたらき以前に、私たちは自ずと生きていて、こうして心臓がドキドキいっているわけです。そうやって命は元気に生きているのに、心のほうは「人生もうダメ、生きたくない」なんて言ったりするわけです。

例えば自殺をしようと海に飛び込んだ人は、「息ができない」とジタバタするでしょう。首を吊ったら、「苦しいっ」と暴れるでしょう。心は死にたいと思っても、命は生きようと思っているのです。命は常に生き生きとして、この世界で生ようとする意欲がいっぱいなのに、心がそれを閉ざしてしまっているのです。

その心の壁から解放されて命に触れるというのが、この「フリダヤ」という呪文になるわけです。なので、この般若心経の「心」は「心の経典」ではなくて「命の経典」と言ったほうがいいのではないのかと思います。

また、サンスクリットのほうだと経典を意味する「スートラ」という言葉がついていません。なので般若心経は実は経典ではなくて呪文なのです。「故説般若波羅蜜多呪　即説呪曰」とあることもそうですし、また経文の最初に置くべき「如是我聞」がなかったり、主人公がお釈迦様ではなくて観世音大菩薩であったり、経典のスタイルとしては例外なことばかりです。

経典の基本構成はまず「序分」があり、本論を説く「正宗《しょうしゅう》分」があり、最後に経典の功徳や教えが広く流通することを願う内容の「流通《るずう》分」の三つで成り立っていますが、般若心経の場合は「正宗分」からいきなりスタートします。「序分」と「流通分」をつけた般若心経もあって「小本」に対して「大本」といいますが、これは後から経典の体裁にするために作られました。そういうところからしても般若心経はもともと経典のスタイルではない。最後の「羯諦羯諦　波羅羯諦　波羅僧羯諦　菩提薩婆訶」だけが呪文なのではなくて、すべてが呪文として作られたのです。そして、その呪文は心から解放されて命に触れるためのものなのです。

横田　なるほど。

阿　それから「般若仏母」と言いますね。般若を神格化すると母親になるわけです。「般若」とは悟りを得るための智慧のことで、サンスクリット語の「プラジュニャー」の音訳ですが、これがそもそも女性名詞です。経末の「羯諦羯諦　波羅羯諦　波羅僧羯諦」というのも文法的には全部女性形です。意味としては「行けるものよ、

行けるものよ、彼岸に行けるものよ、彼岸に完全に行けるものよ」となります。悟りの世界にさあ行きなさい、というように修行中の者に対して応援するような意味で解釈されることが多いですが、ここは完全に誰かに呼びかけている言葉です。しかも女性名詞ですから、もしかすると仏母、お母さんに対する呼びかけではないかと思うのです。

横田　ああ、母親を想定してるんですか。

阿　般若心経と般若仏母の関係は渡辺章悟氏という仏教研究者が詳しく分析していますが、私なりの解釈を付け加えれば、母なる命から私たちは分離して心というものを持って自分だけで生きているように思っているけれど、ようやく気づいてお母さんの命に戻るよということをお母さんに呼びかけているのではないか、と。

横田　これは面白いですね。

阿　「お母さん、お母さん、これから戻るよ」というわけですね。

横田　私も梵語《ぼんご》をやりましたけれど、母に対する呼びかけとはあまり考えたことがなかった。

阿　命の母です。なんだか薬の名前みたいになってしまいますけど（笑）。

果たして心は仏なのか――千二百年続く大論争

横田　天台の教えでは、心はみんな本来仏だと言っていますね。ところが仏教の中には「そうはいきませんよ」という一派があるんです。

この間、うちに清水寺の森清範貫主《かんじゅ》に来ていただいて講演をお願いしました。そうしたら、貫主さんはまず「かつて、清水寺へきれいな身なりの老夫婦が来て、『先祖伝来の土地を売って大金が入ったからお寺に寄付したい』と言われた」というお話をされました。大金をいただけるというのですぐにお昼ごはんをさし上げたそうです。そうしたら、その夫婦は「今は持っていません。現金で明日持ってきます。今日はこれで帰ります」と言った後に、「実は帰りの汽車賃を持ってこなかったものですからお借りできますか」と。おわかりでしょう。そういう詐欺だったんです。

森清範さんは「うちの金庫を大金が入るように空けておいたんですわ」と言うんで

すよ。

話を聞いていて、私は驚いたのですが、実はそれは伏線だったんですね。それから後に、「人間は本来仏だ仏だと言っても、そういう浅ましい心、どうしようもない心があるんです」とだんだんに説いていかれるんです。

なるほどなと思いました。「五性各別《ごしょうかくべつ》」と言って「仏になれない心を持っている自己を見つめなければならない」というのがあちらの唯識《ゆいしき》なんですが、面白いですね。さすが森清範貫主だと思いました。

そのへんの兼ね合いもあって、そう簡単に「心は仏だ」とは言い難い一面もあるように思うんです。

阿　これは世紀の大論争で、もう千二百年決着がついていませんからね。

横田　そう。仏教学の大論争の中の一つですね。私は唯識派で攻めますから（笑）。

阿　それだとまた徳一《とくいつ》論争（徳一は法相宗の僧侶。対立する天台宗の最澄との間で教義の優劣や真偽を巡って論争が繰り広げられた）の再現ですね。

横田　要するに唯識というのは心の闇を見るんですよ。だから天台と闘ってきた。それを勉強しているのだから、阿先生は大らかな人だと思いましてね。

阿　唯識思想の大家である横山紘一先生の勉強会をお寺で開催しています。唯識と天台の思想を融合させたいというのは私のライフワークなんです。あまりに壮大な試みでちょっと後悔しているところもありますが（笑）、これをテーマとしてやっていきたい。

横田　反論は大事なんです。そうは言っても私の心にはこんな闇があるんです。そう簡単に仏さんに言えないんです。これをどうするんですかって。そこから深まりが来る。いい話でしたで終わりじゃダメ。この後も私は闇になって攻めますから（笑）。

第三章
生きるも死ぬも精一杯

お盆の由来

阿　ずいぶん暑くなってまいりましたので、今回はお盆にまつわる話を最初にしてみたいと思うんです。お盆の起源というのはどこにあるかというと、実はあまりはっきりしていません。その一つの有力な説に基づいて少しお話しさせていただきます。

お釈迦様のお弟子さんの目連という神通力に長けたお弟子さんがいました。目連は若い時にお母さんを亡くされたのですが、そのお母さんが死後どこにいるのだろうと思って神通力を使って探してみたところ、餓鬼道に堕ちていることがわかりました。それをなんとか救いたいというのでお釈迦様に相談をします。

それは夏場の雨期の頃で、お坊さんたちは精舎で集団生活をしながら修行をしていました。これがその後、お寺の始まりになるわけですね。修行が明けるのが七月十五日で、そのときに僧侶たちは修行の期間中を振り返って懺悔と反省を行う会を開くのですが、お釈迦様はその機会に供養の場を設けて目連のお母さんや餓鬼道に落ちたご先祖様を救おうじゃないかということになったのです。これがお盆の起源となる説話で、古くは『盂蘭盆経《うらぼん》』という経典にまとめられています。

まあ、目連のお母さんは生前罪深い行いがあったから餓鬼道に堕ちたことになるのですが、ここからは私なりの勝手な解釈で、さすがに目連のお母さんですから、そんなに悪いことをしたとは思えないし、思いたくないですよね。餓鬼道というのは貪りの欲が強い者が堕ちるところですが、お母さんは目連を一生懸命育てようと子煩悩になって、自分の子だけを大切にして他人に優しくするゆとりがなかった。一般的に親とはそういうところがありますよね。なので、わが子を思うがゆえに堕ちてしまったのではないかと。そこで目連がお母さんの代わりになって人のために生きることで、お母さんが救われるという筋書きがよろしいかと勝手に創作しています。

ついでに言うと、その結果、お母さんも餓鬼道に堕ちたご先祖様も皆救われて、目連やその場にいた僧侶、菩薩が皆大歓喜したと経典にあります。これが盆踊りのはじまりかと……。歴史経緯を考えるとだいぶ無理やりのところもありますが、筋は通るし説明しやすいです。

ただ一つ大きな問題なのは、お盆の行事はインドで行われた形跡が全くなく、中国にいたって盛んに行われるようになるのです。唐代には国家行事として盛大に催された記録もあります。現存する文献として最も早く見られるのは中国の荊楚地方（長江中流域・湖北・湖南あたり）の年中行事や風俗習慣を記録した『荊楚歳時記』で、六世紀初頭の文献です。

先ほど申した『盂蘭盆経』もすでにその時期には存在していたようですが、インドにはその経典の痕跡はなく、中国で俄かに流行るんです。

これはおそらく中国は親や先祖に対する孝行を大切にする儒教国でもあることから、中国でこの経典が作られたものではないかと考えられています。仏教というのは出家が中心ですが、出家をすることは孝行にならないじゃないかという議論が出て、仏教は批判を浴びることもありました。それに対する一つの答えとして、仏教でも親孝行は大切にしていて、亡くなった父母や先祖の供養を強調するようになります。そういう背景で孝行をテーマとする『盂蘭盆経』が作られた、という経緯です。

中国で作られた経典を「偽経」とか「疑経」という言い方をします。偽物とか訳経か疑わしい経典ということですが、中国人の信仰のニーズに合わせた経典で、内容は至って誠実なものなので、最近では「中国撰述経典」という表現のほうがよく使われます。

次に「盂蘭盆」という言葉ですが、サンスクリット語にいかにもあるような言葉です。なのでサンスクリット語を漢字に音写したと考えられてきましたが、実際はサンスクリット語には「盂蘭盆」に相当する言葉がなくて、一体どこから来たのかと大問題になりました。

諸説あっていまだに決定的な説がありませんが。数例を挙げると、『盂蘭盆経』にある説話の中に、目連のお母さんが餓鬼道で逆さ吊りにされているという話がありま す。この「逆さ吊り」（倒懸）をサンスクリット語で「ウランバナ」と言い、これと発音が似ていることから「盂蘭盆」の語源とするのが最も有名な説です。しかし、よく調べてみると、五、六世紀にできた初期の『盂蘭盆経』には逆さ吊りの説話がなく、唐代以降に付け加えられた話なので、むしろ「盂蘭盆」という言葉から着想を得て逆さ吊りの話が挿入されたと考えられます。そもそも「逆さ吊り経」なんて、お経のタイトルとしておかしいです。

そのほか、インドの北方に拝火教（ゾロアスター教）という火を崇める宗教があって、その中で先祖を供養するときに火を焚くウルバン（ソグド語で霊魂の意）という儀式があり、これが語源ではないかと一時期は注目を浴びましたが、直接的な証拠がありません。また、中国の少数民族には高台に食べ物をお供えするという儀式があり、それを行う竹楼の「于蘭」が語源なのではないかという説まであります。それからまわりまわって単純に食物を載せる「盆器」のことだという人もいます。つまり、「盂蘭盆」の「盂」と「盆」はどちらも皿がつくように食物を載せる容器のことだと。でもそうすると「蘭」の説明が苦しいです。

地域によってお盆の時期が違う理由

阿　このように諸説紛々ですが、素直に考えると、先ほどの説話にもありましたが、盂蘭盆の日に設定された夏安居《げあんご》の最終日である七月十五日にお坊さん同士で懺悔と反省を行うのですが、その会のことを自恣《じし》と言います。それをサンスクリット語で「プルバルナ」と言うんですね。当然、その日は信者の人たちも精舎に集まって供養法要を営みます。それが中国の先祖供養と結びついて「盂蘭盆」になったのではないかと考えるのが自然ではないでしょうか。大変申し訳ないことにこの説を初めて唱えた研究者がどなただったか失念してしまいましたが、私はこれが最も有力な説だと思っています。

横田　ああ、最近はそうなっているんですか？

阿　はい。ただ、それも本当にそうかどうかはわかりません。真相は永遠の謎です。ただ、先祖供養として「盂蘭盆」の行事が大々的に行われ、文化として定着したのは間違いなく中国からです。それが日本に来て、さらに日本土着の「先祖が山から戻ってくる」という信仰と結びついて、日本なりのお盆の行事になっていったということだと思われます。ちなみに推古天皇の頃に初めてお盆の行事が行われたと伝えられています。

お盆といえば八月というイメージかもしれませんよね。それは旧暦だと七月十五日が一か月ぐらい後になるからです。その時期は農業に従事している人たちのお休みの期間でもありました。でも私のお寺のある東京では一部の地域を除いて新暦の七月十五日を中心に前後の数日をお盆期間にしています。それは、明治時代のはじめに新暦が導入されることにより、東京などでは新暦の七月十五日の前後をお盆期間と定めたんですが、その他の多くの地域では、季節感にそぐわないし農作業の忙しい時期でもあるため、旧暦の七月に近い月遅れの八月十五日の前後をお盆の期間にしたんです。これが全国的に一番流布しています。また、沖縄などでは、旧暦の七月十五日のまま行っているところもありますね。まあ、新暦を導入したことでお盆期間が三通りになり、かえってややこしくなりましたね。

それから七月七日の七夕とお盆は日本ではセットだったんです。七夕では竹に笹飾りをしますけれど、あれは先祖が戻ってくるときの依り代として使われていたので、七夕のときにご先祖様をお迎えする準備をととのえて、その一週間後の七月十五日にお盆がやって来るというのが古来日本人の発想です。でも新暦の導入でそういう意識が分断されてしまったように思います。おまけに新暦の七夕は梅雨の時期だから織姫と彦星の年に一回のせっかくのデートも台無しですね。

横田　横浜でも中心部は七月ですけれど、ちょっと中心から外れたところは八月ですね。鎌倉は八月、それから横須賀はなぜか七月。だからうちのお寺は「ここは七月盆、ここは八月盆」と分けて両方やっています。

阿　そうですか。

横田　そうなんです。それと私は未だにウランバナ＝盂蘭盆説で説教をやっています。

阿　一般的にはそれが広まっているようですね。逆さ吊りはインパクトありますし。

横田　ウルバンという説が出たというのは知っていたけれども、何か説得力が弱いなと思ったんです。

阿　そうなんです。つながりがなかなか見えない。ただ発音が似ているというだけの話ですから。

仏になるか鬼になるかは縁にふれるかどうかで決まる

横田　阿先生は今の目連さんの話はよくするのですか？

阿　幼稚園で子供たちに向けて「お母さんを救う日」というようなテーマで話します。お母さんが地獄――餓鬼道と言っても子供はわからないので――に堕ちないように、みんながちゃんと人にやさしくしてあげてください、というふうにです。そしてその後に、「もしそれでもお母さんが地獄に堕ちて逆さ吊りにされちゃったら助けに行く？怖い鬼だってうようよしているよ……」と尋ねるんです。で、「助ける人？」と聞くと半分ぐらいしか手が挙がらない。「残りのみんなは助けないの？」と聞くと、「怖くて助けられない」と言います。

ちょうどその後に保護者会があるので、お母さん方に、何人が手を挙げたか報告をして、「お母さん、餓鬼道に堕っこちないように今のうちに善行を積んでください」と話すんです（笑）。

横田　あれは使いにくくて、私はこの頃あまりやらないんです。というのは阿さんが言ったように、なぜ餓鬼道に落ちたのかよくわからないし、今の人たちに餓鬼道と言ってもピンときませんしね。子供だけではなく大人でも、今の日本で餓鬼の話をしてもピンとこないという人が大半でしょう。

しかし世界には今、飢餓人口が七億から八億人もいます。そのうち一億七千万人の人が明日死ぬかもしれないと言われています。餓鬼の世界は今も現在進行形なんですね。それに加えて日本人が無駄にしてしまう食物が何万トンかある。それは世界の七千万人が一年間食べることができる分量だと言います。そういうところからちょっと法話につなげていったりしていたんですけどね。

阿　それはすごい説得力がありますね。大人向けのリアルな餓鬼道です。

横田　いやいや。それから地獄といっても、地獄の世界を信じている人が最近はあまりいないでしょう。昔は地獄絵というのを見せてお説教しましたけれどもね。でも、最近新幹線の中で、鉈で切りつけられるという事件がありましたね。あの新幹線の中は地獄だったでしょう。その後しばらくの間は新幹線に乗るときには隣を注意しましたもの。やまゆり園の問題だって現代の地獄ですよ。

それで思い出すのがオウム真理教事件です。あれも地獄でしょう。長い間、戦後日本の高度成長によって皆が安らかな暮らしができるように努力した結果として、あんな教団が出てきて多くの人たちが地下鉄サリン事件で亡くなり、あるいはひどい後遺症を抱えることになりました。まさしく地獄ではないでしょうか。

この間、五木寛之先生と対談したんです。そのとき、対談の最初に松原泰道先生の思い出をそれぞれ話そうということになって、私は一つだけお話ししたんですよ。それは平成七年十一月に臨済宗主催の講演会をやったときの話です。臨済会という臨済宗の団体の会長さんが麻原彰晃やエリートの人たちが殺人集団になったことを痛烈に批判したんですね。その後に松原先生が講演して、その会長を批判する意図ではないのですが、こう言われたのです。

「今、日本中の人がオウム真理教の批判家になっている。私は批判する前にあの前途有為な若い人たちがなぜ道を外れてしまったのか、批評をする前に、私自身が仏教の正しい布教ができなかったということを申し訳なく思うのです」

それを聞いて私は驚き、感動しました。だから松原先生の思い出と言われて、そのときの言葉を話したんです。

五木先生は、「あのオウム真理教の事件については、日本の知識人や宗教家からいろんな発言がありましたが、どれ一つとして心から納得できるものはありませんでした。今うかがって、その松原先生のお話には非常に心を打たれるものがありますね」と言われて、大変喜んでおられました。

この松原先生のお話は何を意味してるかというと、オウム真理教の人たちは別に悪い人ではないけれど、ただ縁に出会わなかったということなんです。それを松原先生は「縁をつくることができなかったのを申し訳ない」と言ったわけですね。だから人間はどうにでもなるんです。仏にもなれば鬼にもなる。それは縁にふれるかどうかなんだということです。

理解し、感銘しただけで終わったらいけない

横田　そこから発展して次に「いかに気づきを持続させるか」というテーマで、少しお話ししてみたいと思うんです。これは非常に大事なことでありまして、この頃はよく我々もわかりやすさということを求められます。わかりやすいというのはいいことです。しかし、わかりやすい話を聞いて「なるほど」と思って、確かにわかったような気はするけれど、別に自分は何も変わっていないということが多々あります。

これは阿先生の批判をするわけではないのですけれど、実に懇切丁寧に自分という執着すべきものはないのだとお話しいただきました。ああして説明していただきますと、「なるほど、そうだ」と思います。でも、そう言いながら、例えば集合写真をもらったとしたら、まず自分を探します。これは絶対にそうですね。

阿　私もそうです（笑）。

横田　いや、ホントにそうですよ。なるほど、ああ我はないんだ、執着しなくていい

んだと言いながら、やはり食べるときは好きなものを食べますからね。

このように、自分自身は変革をしていないのではないかという問題は大事なところなので、それについて少し話をしたいなと思うんです。

私も阿先生の言われたように思うのですが、わかりやすさということの盲点というものがあるんですね。わかったような気になっても、自分が何も変わっていないという問題が残ると思うんです。そこで幾つかの言葉を挙げてざっとお話をさせていただきます。

最初の言葉は「信を能入と為す」です。「能入」というのは「入り口」とでも言えばいいでしょうか。我々は仏教を学んでいますから信じるということが大事で、これが一番の土台になります。しかし、仏教の「信」は外にある対象を崇め拝むという「信」とはちょっと意味が違っていて、「信忍」「信楽《しんぎょう》」「信欲」という三つから成り立っているというのが大事なところだと思います。

まず「信忍」の「忍」とは「認める」という意味で、知的な理解を表します。これにはわかりやすさが求められるでしょうね。「あ、なるほど、こういうことだ」とわかるということです。次の「信楽」は、素晴らしい教えに感銘を受けて憧れることですね。「ああ、素晴らしい。いい話だったなぁ」と感銘を受ける。感情的な信が「信楽」です。

しかし、理解し、感銘しただけで終わったらいけないのであって、その次には、それを自分自身で実現していこうという意欲的・意志的なものを持たなければなりません。これが「信欲」ですね。これは確か『成唯識論』か何かで見て、なるほどなあと思いました。正しく理解すること、感動すること。これは大事ですが、ここで終わらずに、そうした教えには真に本来の自己実現をもたらす力があることを思い、その修行に入っていこうと意を固めていく。つまり、それを自分も実現していこうという強い意欲、意志を持たなければならないわけです。

この「信忍」「信楽」「信欲」という三つが仏教における「信」の意味です。

気海丹田を意識して正しい思いや気づきを相続する

横田　次は**「見惑頓断　思惑《しわく》漸断」**という言葉です。「思惑」というのは普通の思惑《おもわく》とは全く違います。これは多分、禅ではなくて天台の言葉ではないでしょうか。「見惑」というのは知的な理解、知的な解釈です。空とはこういうものであるとか、先にご説明いただいた別に執着する自分なんてものはないとか、話を聴けばそれはその通りだとわかります。

しかし人間には、そう簡単に断ち切れない情的なものが心の奥深くに残っています。その通りだと言いながらも自分が可愛いし、自分中心で、嫌なことは避けようとしますし、好きなものは食べようとします。どれほど理解をしていても、自分自身の心の底には相変わらず感情的なもの、取れないものがずっとわだかまりのように残っています。そういう迷いを「思惑」というわけですね。

他方、「頓断」とはすぐに断ち切れるということ。知的な理解はスパッと断ち切れるんですね。だから「見惑頓断」です。でも、情的なもの、思惑はしつこい。ずうっと続きます。だから、「漸断」、つまり徐々に徐々に継続して断ち切っていかなければならない。これが「思惑漸断」です。話を聴いたら「なるほど」と理解してそれで終わりとはいかない面が人間の心にはあるということですね。

そこでここから我々の禅宗の話になるのですが、先にも挙げた「正念相続」という言葉があります。正受老人は「十二時間中四威儀の間、須く正念工夫打失せざるを第一となすべし」と言っています。「正念」というのは正しい思いや気づきですが、それを相続していくことが大切であると説いているのです。

ただ禅というのは身体的、肉体的なことを大事にします。そして正しい思いを保とうとしても、思いは姿形には見えません。そこで姿勢を正す。森信三先生が言うように腰骨を立てるわけです。心を修めるにはまず形からだとして腰骨、姿勢を意識するわけです。

この際に特に大事なのは「気海丹田」です。丹田に常に意識を置いておく。何をしているときにも常にお腹の下、丹田を意識する。こういうことを我々は訓練するわけです。それを繰り返していると、心がそれほど動揺しなくなってきます。このように身体的なところから訓練を繰り返していくことによって、心を徐々に変革させていく。それが禅の修行です。

白隠禅師は『遠羅天釜』の中で次のように言っています。

「常に心気をして臍輪《さいりん》気海丹田腰脚の間に充《みた》しめ、塵務繁絮《はんじょ》の間、賓客揖譲《ゆうじょう》の席に於ても、片時も放退《ほうたい》せざる時は、元気自然に丹田の間に充実して、臍下瓠然《こねん》たる事未だ篠《しの》打《う》せざる鞠の如し。

若し人養い得て斯《かく》の如くなる時は、終日坐して曾《かつ》て飽かず、終日誦《ず》して曾て倦《う》まず、終日書して曾て困《こん》せず、終日説《と》て曾て屈せず。縦《たと》い日々に万善を行《ぎょう》ずと云えども、終に退隋の色なく、心量次第に寛大にして、気力常に勇壮なり、苦熱煩暑《はんしょ》の夏の日も扇せず汗せず、玄冬《げんとう》素雪《そせつ》の冬の夜も襪《べっ》せず爐《ろ》せず、世寿百歳を閲《けみ》すと云えども、歯牙転《うた》た堅剛なり。怠らざれば長寿を得。若しそれ果して斯の如くならば、何れの道か成ぜざる、何れの戒か持たざる、何れの定《じょう》か修せざらん、何れの徳か充ざらん」

【意訳】

常に心気を臍から下の気海、丹田、腰脚の間に充実させ、塵務に忙しい間も、客人と応接の間も、片時も休み退かぬときは、元気が自然に丹田の内に充実して、臍下丹田が瓠のようにふくらむことは、まだ竹で打って柔らかくしない鞠のようなものです。

もし人が心気元気を養い得てこのようになれば、終日坐禅しても少しも飽くことなく、終日読経しても倦むことなく、終日書いても疲れることなく、終日説法しても屈することなく、たとい日に日に万善を行じても終に怠堕の気色なく、度量が次第に寛く大きくなって、気力は常に勇壮、暑苦しい夏の日も扇を使わず汗もかかず、寒い冬の夜も足袋をはかず火にあたらず、百歳になってもこのようであれば、どのような道でも成就できるし、どのような戒でも保てるし、どのような定でも修し得るし、どのような徳でも充足するでしょう。

これによって思惑を断ち切り、正念を持ち続けることができるようになると言っているわけですね。

常に変化し、進歩していく心を発見する

横田　**「念念不停流《ねんねんふじょうる》」**という言葉があります。「念」、つまり思いというものは留まってはいない、常に進歩発展しているということです。そういう変化を楽しみなさいということです。我々仏教の教えというのは心の観測です。心の観測によっていろんな説が出てきました。確か一秒間に六十五回とか七十回とか心が消滅するという説がありましたよね？

阿　ああ、刹那ですね。

横田　それぐらい心は変化しないということがあり得ない。流れていく水のように、一瞬のうちにも変わり続けているものですね。心というものはずっと同じであることはないわけです。

その性質を生かすというか、うまく利用するというか、正しい思いを持続させるといっても固定的なものではなくて、常に変化し、常に進歩していく。それを発見して

いくことが大事なのですね。よく言うのですが、毎日毎日坐禅をしていても同じ坐禅というのはただの一回もありません。同じ心の状態の坐禅というのは全くない。厳密に言えばすべて違います。続けていくと、その違いがよくわかってくるんです。

私の実感からいくと、変化していくことが楽しくなっていきます。そして変化していくということの楽しみがわかってくると、続けることができる。やはり人間は楽しくないと持続しません。どんな教えを学んでも、どんな素晴らしい話を聴いても、楽しくないものは持続しないと私は思っています。私は坐禅が楽しいものですからずっと持続をしています。それは常に自分の変化がわかっていくから楽しいんですね。

真向法《まっこうほう》って知っていますかしらね。

阿　真向法ですか？

横田　柔軟体操みたいなものです。安岡正篤《まさひろ》先生がやっておられました。

阿　ああ。

横田　私も毎日真向法をやっているのですが、今でも両脚を開脚して胸をピタっとつけることができます。それを学んでいたときに、一日一ミリでもいいから変化していくことが大事だと教わったんですよ。そうすると確かに、少しずつ少しずつできるようになってくるんです。その変化が楽しいからやれるんですね。それと一緒で、心の変化も楽しんでいけるようになってくると、持続をしていくことができると思うのです。

真に切実であれば怠けてはいられない

横田　次に挙げる「切之一字」という言葉は、切実でなければならないということですね。「切」という字には「しきりに、ひたすら、ねんごろに」といった意味があって、「切に」となると「心を込めて」ということになります。**「吾常に此において切なり」**という洞山良价《とうざんりょうかい》（中国唐代の禅僧で曹洞宗の開祖）の言葉が禅の世界ではよく用いられます。

『博山和尚参禅警語』という明の時代の書物があります。いわゆる看話禅《かんなぜん》（師家より与えられた公案を解いて悟りに至る臨済宗の修行法）の特徴をよく表した内容になっていて、私はたまに使うことがあるんです。その中にこういう一節があります。

「工夫をなすに、最も要緊なるは是れ箇の切の字なり。切の字、最も力有り。切ならざるときは即ち懈怠《けたい》生ず。懈怠生ずるときは、則ち放縦縦意、至らざる所なし。若し用心真切ならば、放逸懈怠、何に由ってか生ずることを得ん。当に切の一字を知るべし、古人の田地に到らざるを愁えざれ。生死の心破せざるを愁えざれ。此の切の字を捨てて、別に仏法を求めば、皆是れ痴狂外辺に走るなり」

ここで「工夫」とあるのは参禅のことです。修行するときに最も大事なのは「切」の一字だと言っています。切でないから「懈怠」、つまり怠け心が生ずるというわけです。「これはやらなければならない」という身に迫ってくるような切実なものがなければ怠け心が起こってくるわけです。切実であれば怠けてはいられないんです。

よく「尻に火がつく」と言いますが、禅宗では尻に火がつくとは言いません。「頭に火がつく」と言います。頭に火がついたら必死になって消そうとするでしょう。これを切実というんだと。尻に火がつくぐらいはまだかわいい。頭に火がつくぐらい「やるしかないんだ」という切実な思いがあれば怠けてはいられません。

懈怠が生ずるときは怠け心が起きてくる。これが人間の心の弱さです。働かなくなってくる、嫌になってくる。感動を忘れてくる。そういう怠け心が出てくるとよくない。しかし真に切実であればそういう怠け心は出てこない。だから、まさにこの「切」の一字こそ大切であると知るべきであると言っているわけです。

イエローハットの創業者である鍵山秀三郎先生の語録に「背水の陣なんていうのはまだ浅い。自分は水中の陣だ。水の中で決断をした」という言葉があります。「頭に火がつく」とはこういうことでしょう。

大自然の変化に合わせて常に自分の心を開発していく

横田　最後にもう一つ、**「至誠無息」**という言葉を挙げたいと思います。これは儒教の四書の一つである『中庸』にある言葉です。「至誠息《や》むこと無し。息まざれば久し。

久しければ徴《しるし》あり」と言いますね。この「至誠」という言葉は『孟子』にも出てきます。「誠は天の道なり。誠を思うは人の道なり。至誠にして動かざる者は、未だ之れ有らざるなり」と。これは吉田松陰が引用して、今もよく使われます。

至誠というと、自分が自分のうちに起こしてくる真心のように思うかもしれません。ところが今北洪川老師は、至誠とは自分自身のことだとは説いていません。洪川老師を鈴木大拙先生は「至誠の人だ。本当の純真に混じり気のない誠の人だ」と表現したのですが、『禅海一瀾』を読んでみると至誠について次のように書いています。

「大《だい》なるかな哉《かな》、至誠の徳。天地に配して天地に預《あずか》らず。……譬《たと》えば鳥は以て春に鳴き、雷《いかずち》は以て夏に鳴り、虫は以て秋に鳴き、風は以て冬に鳴くが如し。其《そ》れ唯《た》だ毫釐《ごうり》も欺《あざむ》かずして、而《しか》も循環息むこと無し。息むこと無きが故に悠遠《ゆうえん》、悠遠なるが故に高明《こうめい》なり。是れ又《ま》た何物ぞ。只だ学者己れに反《そ》って自得するに在り」

ここに「譬えば、鳥は以て春に鳴き、雷は以て夏に鳴り、虫は以て秋に鳴き、風は以て冬に鳴くが如し。其れ唯だ毫釐も欺かず」とあります。「毫釐」とは「ほんの僅か」という意味ですが、至誠を大自然に譬えているんですね。大自然はほんの僅かも欺くことなく循環し続けて留まるということを知らない。これが至誠というものだと洪川老師は説くのです。人間が計らいで頑張ろうとかやる気を起こそうとかいうのではなくて、大自然の働きが至誠の徳なんだというわけですね。

そういうふうに考えると、大自然の働きに自分を合わせていくことが大事になってきます。大自然は常に変化し続けていますから、その変化を常に観察しながら、それに合わせて自分も常に心の開発をしていく。それが大事なんです。その点で日本人が四季を大切にしてきたということは非常に意味があります。大自然が変化しているということを感じていると、自分の心もそれと同じように変化し続けていくことができるわけです。

お茶の世界でも四季を大切にします。私らもお寺にいて畑をやりますから、夏は茄子とか胡瓜を作ってそればかり食べています。そういう常に変化して巡っていく自然に意識を置いて、それと一つになって循環していく。止むことなく精進努力をしていく。春になれば「よし、やろう」とやる気を起こす。夏になればこの暑さに耐えて自分を鍛えようと思う。秋になればお月様を見て心を澄ます。冬は慈悲の心が湧いてくる。これを毎年毎年循環してやり続けていくことが大事なんです。

自分だけで変わろうとするのは難しいので、自分の変化を自然の歩みとともにやっていく。私はこの頃、お茶が四季を大事にし、禅宗で畑を耕せというのは、自然に敏感であることを説いているんだなと思うようになりました。絶えず自然を観察しながら、自然とともに歩むことによって、心の開発を持続していけるのではないかと思うのです。

そして一番の大自然はこの体です。坐禅は自分という大自然を見ているんですね。自分の呼吸とか自分の心臓とか自分の体の動きとか、これはもう大自然そのものです。人間がつくったものではありません。だから坐禅というのは山へ登っているのと一緒なんです。どこだって大自然に触れようと思ったら、この体を見るのが一番です。だから禅では「呼吸を見ろ」と言うわけです。

そういうふうに見ていくと自然はどこにでもあります。東京のような大都会でも鳥は鳴いているでしょう。

阿　うちのお寺の辺りは鳴いていますね。緑が少ないから木のあるところに集中して宿るみたいです。ムクドリなどは外敵のカラスから身を守るために集団でいて、ちょっと風が鳴るとギャアギャアとヒッチコックの『鳥』（映画）のような感じになります（笑）。

横田　ああ、そうですか。

阿　今、はっと以前に読んだ五木寛之さんの本を思い出したのですが、日本人の山に対する見方について書いてありました。昔は山に登るときに「六根清浄　六根清浄」と唱えました。これは自分の穢れたものを落とすために山に行くわけですね。山に登り、自然と一体になることによって穢れを浄化することができる。そういう力を山が持っていると日本人は信じていました。ところが西洋では、山というのは征服するものと考える。そこが大きく違うということが五木さんの本に書かれていました。自然にはそういう意味合いもあるわけですね。

横田　私も一つ思い出しました。世界には八千メートルを超える山が十四あるそうです。登山家の竹内岳洋さんはその十四すべてに登ったそうですが、山というのは一座、二座と数えるそうですね。

阿　そうなんですか。

横田　私も知らなくて、なんで座というのかなと思ったら、それは日本だけの言い方だそうです。神のましますところ、神の座るところというので、「座」と数えるそうです。その話を聞いたときに、なるほどと感動したんですけれど、同時に西洋の人にはそんな概念はないんだと知って、へえっと思いました。

私もたまに山に登りたいなと思います。実際に大山《おおやま》ぐらいは登るんです。大山は大山信仰で有名ですが、けっこう高くて千メートル以上ありますね。まさに大自然にふれているという気がします。

内も外もないのが本来の真実の姿

阿　今の横田老師のお話を受けて、**「庭前の柏樹子」**という言葉についてお話ししたいと思います。まずこれがどういうお話なのか解説したいと思います。『無門関』の三十七則にある非常に有名な問答です。一人の僧侶が趙州和尚に「如何なるか是れ祖師西来の意」と尋ねました。祖師というのは達磨大師のことで、禅を中国に広めた祖です。僧侶は「達磨大師がインドからはるばる中国にやって来た意味とは何なのか」と尋ねたわけですね。

この問いは、禅にはどういう意味があるのか、禅というのは何なのかという質問に置き換えてもいいと思います。これは禅問答の中の常套句とも言える質問です。それに対して趙州和尚は「庭前の柏樹子」と答えたわけです。お寺の境内にお庭があって、そこに柏樹子という大木が生えていた。柏と書いていますけれども日本の柏とは違って、中国であちこちに生えている常緑樹の柏槙という木のことらしいですね。

横田　うちの寺にもあります。

阿　ああ、そうですか。けっこう大きな木で、中国のお寺では今でもよく見受けられます。趙州和尚はその木をパッと見て、「あれだ」と答えたんですね。普通、禅の意味を聞かれたら、別の言葉に置き換えていろいろな解釈をし出すと思います。「サンスクリット語のジャーナが禅那になって禅になったんだ」とか、「歴史的にはこういう由来がある」とか、「禅にはこういう効用がある」とか、そんな説明をすると思うのですが、趙州和尚はただ目の前にあった木を指さしただけでした。

別にその木が特別神聖なものであったということではなくて、「ただ今ここに意識を向ける、そこに禅のすべてがある」ということをたまたま目の前にあった木によって示したわけです。間接的に禅とは何かと伝えるのではなくて、禅そのものを「はい、これ」というふうに。だからもしこの場で「禅とは何ですか」と尋ねられたら、私は「あれ」と言って、別に木じゃなくても壁でもなんでも目の前にあるものを指させばいいわけです。

私は家で二匹の犬を飼っていますが、「餌をここへ置いたよ」と指さすと、犬は餌のほうを見ないで私の指に向かってワンワン吠えます。しかし、人間は普通、指さすと指されたほうを見ます。

横田　なるほど犬というのはそうですか。

阿　子供も赤ちゃんのときには指を動かすとじっと指ばかり見ていますね。一歳ぐらいになると指で指したほうを見るように対象がわかってくるようです。人間はそうですが、動物にはわからないんですよ。**「月を指す指」**という有名な禅の言葉がありますね。これは、禅とは本当は月なのに、月を指す指ばかりを見ていると。その指というのが言葉なんですね。言葉によって理解はできるけれども、それだけで理解するのはただ指を見ているだけであって、本当の真実は指したほうの月にあるのだから、そちらを見なければいけない。

「庭前の柏樹子」も同じで、「あれだよ」というふうに言って禅そのものを指しているんであって、言葉で解釈した禅では本当の禅を表すことができないんです。

この問答には続きがありまして、これは『無門関』ではなくて『趙州録』に載っています。「如何なるか是れ祖師西来の意」と尋ねた僧侶が引き下がらずに、「境を将《も》って人に示すこと莫れ」と言います。つまり、「そういうふうに老師はおっしゃいますけれども、心の外側にあるもので説明しないでください」と言ったんですね。禅というのは心の境地を指すものなのに、なぜ外のものを指すのですかというわけです。

すると、趙州和尚は「いや、私は心の外にあるもので説明してないぞ」（我れ境を将って人に示さず）と言います。そこで僧侶は「如何なるか是れ祖師西来の意」と再度尋ねます。趙州和尚は全く同じように「庭前の柏樹子」と答えました。

これは、心の内も外もないだろうと言っているのではないかと思うのです。私たちは物事を認識するときに、まず自分があって、自分の心があって、その外側にある対象を観察して、良い悪い、綺麗汚いなどと判断したり評価したりします。でも、前にお話ししたように、自分というものも、自分の心というものも、そもそもありません。本来ないものをあると思って、それによって外側にあるものをああだこうだと言っても、これは幻が幻を観察して判断しているようなもので、すべては虚構でしかありません。

そうではなくて、内も外も、主体的なものも客体的なものもない。それが真実の姿なのだということです。己事究明、自分の本当の姿を知るのが禅だというふうに言いましたけれど、まさにこうして外側も内側も何もなくただ広がり現れている世界をそのまま見ることが自分本来の姿を見るということになるんです。『趙州録』の別の箇所では「自分の本当の姿は何ですか」という質問に対して、趙州和尚が「庭前の柏樹子」と答える一節もあります。

「何が見る」「何を見る」ではなくて「ただ見る」

阿　そこで一枚の絵を見ていただきたいと思います（次頁）。人がソファに座っている状況が描かれています。これが実は「庭前の柏樹子」にもつながるかなと思っているんです。描いたのは意外な人で、音速の測定をしたエルンスト・マッハです。マッハは物理学者でもありますが哲学者としても有名です。この絵はマッハ自身が自画像として描いたものです。書斎にあるソファで寝転んでペンを持っているところを描いているのですが、マッハは「これが私だ」と言ったわけです。

マッハが描いているのはソファに寝ている自分が見ている外側の世界です。一般的な自画像というと鏡か写真なんかを見て自身の姿を描きますが、マッハは自分という存在はそこにはないと考えたのです。内側にあると思っている自分は実はカラッポで、全部が外ばかり。それが自分であると言いたかったわけですね。

エルンスト・マッハの自画像

外側に広がっているもの全てが自分なんだというと独我論のように傲慢な意味に捉えられてしまうかもしれませんが、全部自分だったら自分と言えるものは何もないわけです。内も外もなくただ現れているだけです。それを目の前に木がある、壁があると対象化してしまうと、そこに自ずと主体的なものが設けられてしまって、見る主体と見られる客体に分かれてしまいます。そうではなくて、ただ見るだけだったら「何が見る」とか「何を見る」ではなくて、ただ見るという働きがあるだけです。その働きそのものが自分の真実の姿なのです。趙州和尚はこれを直接示すべく、「ほら」と庭前の柏樹子を指さしたのでしょう。「ほら」と指さしたその木が真実だというのではなくて、「ほら」と言ってその瞬間そちらを見る、意識を向ける、その働きが真実なんだとい言いたかったのではないでしょうか。

仏教の唯識思想というのは心を観察することで悟りに導く教えと実践の集大成的な仏教大系ですが、これもまさに同じ発想だと思います。唯識について詳しく解説すると時間がかかって脱線してしまいますので「唯識」という言葉の意味だけを説明しておきますが、つまり「唯《ただ》、識（心）がある」あるいは「唯、識（心）しかない」ということです。こう聞くと多くの人は誤解して、識があるということは、それは自我であり、無我を説く仏教と矛盾してしまうではないかと考えます。実際、中国華厳宗の第五祖と称され、禅との統合を唱えた宗密という唐代仏教の大家も唯識に対して批判をしています。

しかし、サンスクリット語で唯識は「ヴィジュニャプティ・マートラター」と言います。「ヴィジュニャプティ」が「知る」という動詞の使役形からなる名詞で「知らしめる」という意味。「マートラター」は「ただ〜のみ」という意味です。それを合わせると「ただ知らしめるのみ」ということになります。ですから、「誰かが何かを知る」ということではなくて、ただ心に現れ出た表象が知られるようになるだけで、そこには知る者も知られる対象もなく、ただ知るという働きがあるだけだと言っているんですね。そうすると、この「庭前の柏樹子」の話と唯識というものがうまく結び付くのではないかと思うのです。

すべての働きが今ここに全部現れている

阿　真実の姿とは内も外もなく、主も客なく、ただ働きそのものだということですが、ここで**「全機現」**という言葉を挙げたいと思います。これは「すべての働きが今ここに全部現れている」ということです。

『正法眼蔵』に「全機」という短い章があって、そこではこんな譬えで説明しています。舟に自分が乗って竿を水の中に入れて漕ぐとき、舟に乗っている私とは一体どういう存在なのか。私がいることによって舟になっているのではないか。舟を舟たらしめているのは私なのだから、私も舟であり、水や川や岸といったものもすべては舟なんだというわけです。

そうやって考えると宇宙全部が舟になる。一つひとつの存在がバラバラでなく、すべては舟の働きとなり、一つの存在としてつながってこの世の中がある。それを「全機」というふうに道元禅師は言っているんですね。

ですから坐禅もただじっと動かないのではなく、すべての機能が働いで坐禅をしているんですね。横田管長もよくご存じの藤田一照さん（僧侶）は「人間の体は骨と関節でつながっている一つのシステムで、どこか一ヶ所が滞ると全部が動かなくなるから、他と協調して動かなければならないと」と仰っていますね。

横田　確かに呼吸の働きでそうなりますね。

阿　我々もこの世界で生きていると、一人で動こうと思っても動けない。『臨済録』では**「全体作用《ぜんたいさゆう》」**という言い方をしています。すべてが作用してこの世界が調和して成り立っているわけです。

命の働きとはまさにそうで、命は自分の中にあると思いがちですが、この世界のありとあらゆるものがひとつの命としてつながりあっています。「命を大切に」と言うと、だいたい自分の命とか誰それの命とかペットの犬の命というようにバラバラに捉えます。でも、すべてが命なわけですね。「私の命」というより「命が私である」と言ったほうがいいでしょう。

真宗大谷派の親鸞聖人七五〇回御遠忌のテーマが「今、いのちがあなたを生きている」でしたが、命が仮に私として生きている、仮にあなたとして生きている、この世のあらゆるものがバラバラに存在しているように見えて、本当はすべてが同じ命なんだと捉えるわけです。

「全機」の視点はエコロジーの発想と同じもの

阿　今お話しした「全機現」は今の時代にぴったりの言葉ではないかと思います。福島の原発事故もあって自然エネルギーとかサスティナビリティー（持続可能性）ということが盛んに言われるようになり、エネルギーを自然に循環するようにして自然と一体になろうという考え方が注目されています。そこでよく言われるエコロジーとかオーガニックといった言葉も禅で言うと「全機」の思想と一脈通じるものがあると思います。

オーガニックは言い換えれば「有機」です。そういうと有機野菜のように食べ物についてしか言われませんが、本来もっと幅広い思想で、全部の働きが調和してお互いにお互いを支え合っている状態を言うわけです。まさに「全機」です。

またエコロジーという言葉も今は「省エネ」「節電」はというイメージばかり膨ら

みますが、もともとは十九世紀のエンルスト・ヘッケルという生物学者が提唱した言葉です。エコロジーの「エコ」はギリシャ語の「オイコス」という言葉で、「家族」という意味です。「ロジー」は「ロジック」で「学問」ですから、エコロジーとは「家族の学問」ということになります。つまり、この宇宙全体がすべて家族のように皆が支え合って調和して生きているということを意味するんです。これもまさに「全機」です。

ちなみに似たような言葉で経済を意味する「エコノミー」という言葉もありますよね。エコはエコロジーのエコと同じく「家族」で、「ノミー」はギリシャ語の「ノモス」が語源で「法則」とか「法律」という意味です。つまり、エコノミーは「家族の中の取り決め」という意味になり、そこから「経済」という言葉になるのです。語源としてはエコロジーとエコノミーはほぼ同じで、家族として皆が調和していくことをめざしましょうという発想ですが、今やエコロジーとエコノミーは真逆に進んでしまっています。それを再び原点に立ち返って全機の発想でこれからの世の中を考えるといいのではないでしょうか。

そういう点で禅の教えはまさに現代的なメッセージを伝える素晴らしい教えです。その中でも「全機」が大切なテーマになるのではないかと思います。「全機」は永遠の命ですから、まさにサステナブルです。

命というものは「不生不滅」

横田　この間、五木先生との対談で「私は精一杯生きようということを松原泰道先生から教わった」と言ったら、五木先生は「いや、死ぬことも精一杯だよ」と言われて、ああ、なるほど死ぬのも全機現だから、と思いました。

阿　なるほど、そうですね。この「全機」の章には『碧巌録』をまとめた圜悟克勤《えんごこくごん》禅師の言葉も引かれています。**「生也全機現、死也全機現」**、つまり「生きるのも全機現だし、死ぬのも全機現だ」と。「全機現」を「命」という言葉に置き換えるならば、「生きるも命、死ぬも命」ということになります。

普通、命は死んだら終わりと思うかもしれませんが、死んでも死なない命というものが常に働いています。「私」というものが生まれて、年老いて、病気になって死ぬ。つまり生滅するわけですが、命のほうからすれば生も滅もない。般若心経で言っているように「不生不滅」です。

よく生と死を禅宗でも波と海で譬えることがありますね。波という表面にあるものが私たちのこの生死です。生まれては消え、消えては生まれるものです。しかし、それでも命としての海は常に変わらず、増えもしないし減りもしない。生ずることもないし滅することもない。

そういう命の海があるということを、この「生也全機現、死也全機現」という言葉は示しているのではないかと思います。

姿形は変わっても、その根底にある命は変わらない

阿　次に挙げる**「父母未生以前、本来の真面目」**は非常に難しい。お父さんお母さんが生まれる前の本当の自分の姿とは何かを言え、という禅問答ですね。坐禅の本を最

初に読んだときに一番インパクトがあったのはこの言葉でした。お父さんお母さんが生んでくれたから自分があると完全に思い込んでいたら、そうではなくて、その前から本来の自分はいるじゃないかというわけです。

唐の時代に香厳《きょうげん》智閑《ちかん》禅師という方がいました。香厳禅師はもともと百丈《ひゃくじょう》懐海《えかい》禅師に師事していましたが、百丈慧海禅師が亡くなったため兄弟子の潙山《いざん》霊祐《れいゆう》禅師について修行をしました。その潙山霊祐禅師からこの問いを投げかけられるわけです。

香厳禅師は非常に博学で、仏教のことなら知らないことはないというぐらいたくさんの書物を読み尽くしていました。だから、どんな質問にも答えられたのですが、霊祐禅師から言われた「お父さんお母さんが生まれる前のお前の本当の姿は？」という質問には答えられませんでした。アタマの辞書の中にそれはなかったのですね。

しばらく考えに考え抜いて、結局、「今まで勉強したことは無駄だった」と言って、香厳禅師は書物を全部燃やしてしまいました。そして人里離れた武当山という山で何年も墓守のようなことをしながら庵を編んで暮らしていました。あるとき、その庵の庭を掃いていると、たまたま石が箒に当たった弾みで向こう側に生えていた竹に当たってカーンという音が響きました。そのカーンという音で香厳禅師は悟りを開くのです。

そのとき、「父母未生以前、本来の真面目」の何を悟ったかというと、「カーン」が私だったということです。私が「カーン」という音を聞いたのではなくて、私は「カーン」以外の何者でもないと。

私が「カーン」という音を聞いたと言うと、私の外側に「カーン」という音があって、それを耳で聞くということになります。まあそれが常識的な捉え方ですが、そうすると、そこに主体となるものと客体となるものができてしまうわけです。でも、「カーン」という音を聞くときは「カーン」という音があるだけで「私」はいません。言葉では「私は音を聞く」と「私」と「音」と「聞く」を三つ分けますが、それは言語による便宜上の表現に過ぎず、その現象は本来分けられません。その現象を仮に言葉に表すなら、命としか言いようがないでしょう。そしてその命はお父さんお母さんが生まれる前からずっと変わらずある命です。

それに似たような話があります。明治時代に活躍した三遊亭円朝という有名な落語家の話です。あるとき山岡鉄舟が円朝の落語を聞きに来たんです。そして「お前の落語はちっとも面白くない。なぜ受けるのかわからない。お前のその舌をちょん切ってなくしたらきっといい落語ができるぞ」とさんざん円朝を貶《けな》しました。それ以来、円朝は「無舌」を名乗るようになります。

横田　思い出しました。「今までは円朝が『はい、はい』と答えるのかと思っておりましたが、『はい、はい』が円朝でございました。これより私は舌なしで話しますので、どうぞ皆様、耳なしでお聞きください」と言ったという話ですね。

阿　そうです。でも、鉄舟は貶しただけではなくて、円朝に「禅の修行をしたほうがいい」と言って西山禾山《かさん》老師を紹介します。それで円朝は西山老師のもとでしばらく禅の修行を積んでいました。あるとき西山老師から「おい、円朝」と呼ばれて円朝は「はい」と返事をしました。西山老師は「わかったか」と言いました。円朝が「何がわかったんですか?」と聞くと、西山老師は「はいと返事をしてなんでわからないなんて言うんだ」と言いました。

それから暫くしてまた「おい、円朝」と呼ばれて「はい」と答えるのですが、この

「はい」と答えたときの「はい」で円朝はパッと悟ったというんです。そのときに円朝は「はい」が円朝だったとわかったというわけですね。

円朝というものは「はい」と言うときにはいない。円朝が「はい」と言ったのではなくて「はい」そのものが円朝なんだというふうに気づいたというのです。

これは香厳禅師のカーンと同じで、「父母未生以前、本来の真面目」を悟ったと言えるかもしれません。

横田　「父母未生以前、本来の真面目」というのは夏目漱石の小説で有名ですね。

阿　どの小説に書かれているんですか。

横田　『門』ですね。夏目漱石が釈宗演老師に参禅をしたときに、「『父母未生以前、本来の真面目』とは何か。これを考えて答えを持って来い」と言われて。でも、漱石が円覚寺にいたのは十数日なんです。

阿　そうですか。

横田　そうなんです。明治二十七年の暮れから二十八年の頭にかけて。漱石は明治と同じ年ですから二十七歳から二十八歳ぐらいですかな。

でも、答えを持っていっても、「そんなことならダメだ」とか「もっとギロリとしたものを持ってこい」と言われて否定されて、すごすご帰ってきたということをあの小説に書いているんですよね。

いつだったか夏目漱石を勉強している人たちが、漱石が釈宗演老師に参禅してちょうど百何十年だというので円覚寺に集まったんですよ。そして、この「父母未生以前、本来の真面目」について話をしてくれと言われたものですから、私は皆さんにこう言ったんです。

「皆さんは夏目漱石のいた円覚寺に来たと思っていますね。でも、全く違うものを見ているはずです。まず樹木は変わっています。それから山門の景色も萱葺きを銅板にしたりして変わっています。今話をしているこの建物だって変わっています。さあ、皆さん、夏目漱石の見たものと今と変わらないものはなんでございましょうか」

すると、ある人は空気だと言いました（笑）。でも、「それも移り変わるのではないでしょうか」と言った後、私は「その変わらないものが『父母未生以前、本来の真面目』でございます」と言ったんです。

それは阿先生の言葉で言えば、変わる命そのものです。命そのものには姿形はありませんが、それは連綿と続いています。その命が姿形を現して、花になったり、鳥になったり、私になったり、あなたになったりするのでしょうけれども、その根底に流れているものはずうっと変わらずに連綿としてあるはずです。そんなことをお話ししたことを思い出しました。

「一生涯一呼吸」——呼吸こそが命である

阿　生死というと、どうしても長いスパンで生まれてから死ぬまでのこの生涯を考えるかもしれません。しかし、ここまで話してきたようにあらゆるものが常に変化しています。今だって生死を繰り返しています。その生死の中で命というものが常に生き生きと輝いて我々とともにいるのですが、それになかなか気づかない。

禅というのはそうした命に気づくことだと思うのですが、一番簡単に命に気づく方法は何でしょうか？

横田　私は拳骨でコツンとやることだと思う（笑）。

阿　なるほど、さすがです（笑）。私が「これが命だな」と思うのは呼吸です。吸って吐くという普段何気なくしていることに脈々とした命があると思うのです。そこで「一生涯一呼吸」という言葉を説明しようと思います。これは禅語ではなくて『四十二章経』というお釈迦様の生涯を描いた経典のお話です。お釈迦様が弟子たちに「命の長さはどのくらいだ」という質問をするくだりがあるんですが、一人の弟子は、自分の命はあとほんのわずかだという覚悟で修行をしなければならないと考えて、「わずかな日数が命の長さです」と自慢気に答えました。すると、お釈迦様は「いや、お前はまだ仏道がわかっていない」と言いました。次の弟子は「食事をするぐらいの時間です」と答えました。食事をするようなひと時もおろそかにしないで生きるという心構えです。それでもお釈迦様は「いや、仏道がわかっていない」と言いました。ようやく三人目の弟子が「吸って吐く、それが命の長さじゃないでしょうか」と言ったら、「よし、お前は仏道がわかっている」と言ってその弟子を認めたというお話です。一呼吸一呼吸の中に命があると言ったわけですね。

一生涯
一呼吸

普段の呼吸の長さは、波が寄せて返すのとだいたい同じだと言われていますね。

横田　あれは本当ですか？　波の数と人間の呼吸の数とは同じなんだとも聞きましたが、どうでしょうね。

阿　ちょっと違う気がしますけどね。

横田　最近も誰かにそんなことを言われて、そうかなと思ったんですが、ちょっと違うような気がします。もしもそれが大自然の呼吸ならば、ゆっくり吐けとかゆっくりやれというのは無駄なことだなと思って（笑）。

阿　そうですね。普段の呼吸をしていればいいことになりますからね。波だって嵐の日とかだと速さが違ってきたりするでしょうし。

横田　でも私が話を聞いた人は、「自分は定年退職してからずっと波を見ていたけれど、波というのはどんな嵐でも激しさが増すだけであって回数は一緒なんだ」と言っていました。

阿　一度波の前で坐禅をしたことがあるのですが、息苦しくなって坐禅できませんでした。だから、呼吸が波と合うというのはどうも……。そんな説も俗説ではあるということでしょうね。

横田　汐の満ち引きで生まれたり死んだりするとも言われますね。これは多分あるだろうと思いますけれど。

阿　それで思い出したのは、西田幾多郎と鈴木多拙の話です。鈴木大拙が同郷の友人である西田幾多郎に「かかる世になにを楽しみとして生きるか」と質問されたとき、「呼吸するのも快楽なり」と答えたといいます。呼吸だって楽しいじゃないか、と。これも「一生涯一呼吸」と言えるかもしれません。

私たちはつい漫然と日々を暮らして、呼吸をしていることすら忘れて生きています。何をやるのも面倒くさい、こんな人生もう嫌だ、死んでしまいたい、そんなふうに思っていても、いかなる瞬間であっても、私たちは呼吸しています。呼吸と共にいのちが生き生きと輝いています。

横田　私はよく新しい雲水が侍者になったときに悪戯をするんです。手紙が来るでしょう。「これ、ちょっと封を切ってくれ」と頼むんです。鋏で切るでしょう。切る瞬間に「アイタタッ」って声を上げるんです。そうするとびっくりするから、そこで

「すべてが自己だ」と（笑）。こういう教育をする。

阿　厳しい方法ですね（笑）。

横田　半分悪戯ですけど、すべてが自己だっていうことを気づかせるためにね。

私たちの働きがこの世界を動かしている

阿　続いて**「尽力経歴《じんりききょうりゃく》」**という言葉についてお話ししたいのですが、ただこれは非常に難しい……。

横田　どこに出てくる言葉ですか。

阿　『正法眼蔵』の「有時《うじ》」の章にある言葉です。今でも私は全然わかっていないので、わからないのにお話するのもどうかとも思ったのですが、むしろお聞きしたいと思って。

横田　どういうものですか、これは。

阿　「有時」の章には「われいま尽力経歴にあらざれば、一法一物も現成することなし」と書かれていますが、まず「有時」というものから説明しないとわからないかもしれませんね。「有」というのは「存在」で、「時」は「時間」です。マルティン・ハイデッガーの『存在と時間』という本がありますが、この本は道元禅師の『正法眼蔵』を読んで書いたのかと思うぐらいによく似ています。

「光陰矢の如し」と言いますが、私たちは普通、過去・現在・未来があって、それがずっと矢が飛んでいくように流れていく、そんな時間の流れがあるように思い込んでいます。しかし、そもそも時間というものはないんですね。指し示すこともできないし、名づけようもないものを仮に時間と言っているだけです。時計で計っているじゃないかと言いますが、これは仮に時間があるものとして変化を計測しているだけです。

もしも時間を矢に例えて彼方へ飛んでいくようなものだと考えるのであれば、我々も矢なのです。矢だけが私たちを置いて飛んでいくのではなくて、矢が私たちそのものなのです。だから、矢という時間は私たちという存在そのものであり、また私たちの存在は矢という時間そのものなのです。それを道元禅師は**「時すでに有なり。有は**

みな時なり」という言葉で明らかにされています。時間とは即ち存在、存在は即ち時間なのだということを踏まえたうえで、時間の立場からこの現象世界を捉えて、我々全部が時間だと言っているわけです。宇宙全部が時間なのだと言ってもいいでしょう。もちろん存在の立場からいえば、この宇宙はただ存在が存在しているだけということになります。

而今《じこん》という日本酒がありますが、禅宗では「にこん」と読みますね。これは「而《しか》も今」ということで、時はずっと移り変わっているけれど、それはすべて今なんだということです。**「有時の而今《にこん》」**と道元禅師は言っていますが、明日になったら明日が今だし、三日後は三日後が今になる。一年後は一年後が今だし、ずっと今が続いているだけなので、この宇宙全部が時間であるということは、ずっと今という時間でしかないということです。

その今とは過去と未来の間にある現在ではありません。過去も未来もなくて、全部が今です。そして私という存在が部外者として時間の外側にいるのではなくて当事者としてその中にいる。だから、私という存在は今という時間そのもので、そこを分けることはできません。そういう今である私たちが力を尽くすことによってこの世界が動いていくのです。それを「わがいま尽力経歴にあらざれば、一法一物も現成することなし」と言うのです。私たちの働きが、それがたとえどんなに些細なものであっても、この宇宙の一法一物を現成させているという意味になるかと思います。

横田　佐々木閑先生（仏教学者、花園大学教授）がある会で、この世界を動かしている原動力は何かと質問されて、「仏陀の説によれば銘々の業がこの世界を動かしている」と言われています。それとちょっと似た感がありますね。

阿　そうですね。多分道元禅師だったら、業も過去に行った業ではなくて、その業はすべて今にあると言ったかもしれません。

横田　なるほど。

阿　道元禅師は非常に特殊な時間論を打ち立てているんです。西洋哲学では後からそういう時間論が主流になりますが、それより遥か前にこういうことを言っているのはすごいと思います。

私たちが働くことによってこの宇宙を現成させている。これが大事だと思います。

我々はもともと仏なのだから修行などしなくてもいいんだ、というようなことを言っていた時代がありました。特に天台宗がそう言って堕落した時期があったのですが、道元禅師はまさにその時代にあって、そういう安易なありのまま主義に疑問を抱いて中国へ行き禅の修行に励んだのです。

『正法眼蔵』の「現状公案」にある麻浴山宝徹禅師の問答を見ると、まさに道元禅師の態度をうかがい知ることができます。こんな問答です。

ある暑い日、宝徹禅師が扇を使ってパタパタとあおいでいました。それを見た一人の僧が、「風はどこにでも存在しています（風性常住）。行き渡らないところはありません（処として周《あまね》からざることなし）。それなのになぜわざわざ扇で風を起こすのですか」と聞きました。これに対して宝徹禅師は「あなたは風がどこにでも存在していること（風性常住）はわかっているようだが、風が行き渡らにところはない（処として周《あまね》からざることなし）ということはまだわかっていないようだ」と言いました。そこで僧は、「風が行き渡らないところはないとはどういうことですか？」と聞くと、老師はただパタパタパタパタと扇いでいるだけでした、という問答です。

いくら風が至るところに存在していると分かっていても、風の働きを起こすことがなければ何の意味もない。ただ言葉として「風がある」と言っているだけで、風を起こすことにはならないというわけです。

つまり、仏性は常住だからもともとどこにでもあると知っていても、仏としての働きを出さなければただの言葉上の仏でしかない。今ここの当事者として仏の力を尽くして働いて世界を動かすのが「尽力経歴」ではないかと今のところは思っています。明日はまた考えが変わるかもしれませんが（笑）。

第四章

ただの人になる

一人であることの価値を見直す

横田　今日は「独坐大雄峰」という言葉から話していきたいのですが、阿さんはこれをどう読んでいますか。

阿　「どくざだいおうほう」でしょうか。

横田　「だいゆうほう」と読む人が多いけれど、私も「だいおうほう」だと思う。仏様の称号で「だいおう」と言いませんか？　あれは「だいゆう」ですか？

阿　天台宗では唱えることは少ないですが、「だいゆう」と読んでしまっていますね。

横田　そうですか、そうですか。「だいおう」と読むのはあまり聞かないですか。

阿　「だいおうほう」はあまり聞いたことがないですね。振り返ると普段の法話などでもあまり気にとめず「だいゆうほう」と読んじゃってますので、あ、そうか、「おうほう」だったのかなと今になって青ざめています。

横田　いやいや、「だいゆうほう」と読む人が大変多いのですが、私は「だいおうほう」と読むんだと教わりました。

阿　この「独坐大雄峰」も非常に有名な禅語ですね。『碧巌録』に書かれている百丈懐海禅師のお話です。百丈禅師というと『百丈清規《ひゃくじょうしんぎ》』という禅の生活規則を非常にこと細かくまとめた書物を出した人としても有名ですし、**「一日作《な》さざれば一日食らわず」**という言葉でも有名ですね。

百丈禅師は九十四歳まで生きたのですが、九十過ぎても作務を怠らないでやっていたんですね。でも高齢で心配だから、お弟子さんが無理やりやめさせて「座っていてください」と言ったらその日は食事を一切されなかった。そのときに「一日作さざれば一日食らわず」と言ったのですね。作務というのも大切な修行であって、修行をするために食事をとるわけだから、修行ができなかったら食事を取らないという道理です。自分に対しても坐禅の修行に対しても厳しい方だったんですね。

この百丈禅師にある僧が次のように「素晴らしいことは一体どんなことですか」と尋ねたんです。

僧、百丈に問う、「如何なるかこれ奇特の事」。
丈云く、「独坐大雄峰」。
僧礼拝す。丈便ち打つ。

この「奇特」というのが「素晴らしいこと」という意味です。奇特というと、特別奇抜なことだと考えるかもしれませんが、奇も特も素晴らしいという意味があります。この質問に対して百丈禅師は一言、「独坐大雄峰」、つまり「一人大雄峰に坐す」と答えました。

この大雄峰というのは百丈山という山の別名です。つまり、百丈禅師は「今この山にこうやって一人で坐っているけれど、これこそが素晴らしいことだ」と言ったのです。山が好きだったら一人で山の中に坐っているのは素晴らしいと思うかもしれませんが、普通は一人寂しく山の中でただ坐っていることを素晴らしいとはなかなか言えないでしょう。

特に現代の生活でそう思う人は少ないのではないでしょうか。まず一人でいられません。幼稚園のときから「いちねんせいになったらともだちひゃくにんできるかな」と歌わされて、友達がたくさんいないといけないと思わされていますし、大人になっても今であればフェイスブックなどで人とつながろうとする人がたくさんいます。皆、孤独を恐れ人とのつながりを求めているわけですね。

また坐るというのも難しいと思います。なかなかじっとしていられません。このままじゃいけない、何か意味のあることをしなければいけない、せっかくの人生だから人のために社会のために、あるいは誰かに認められるために意味のあることをやろう、生きがいを持とう……そんなふうに考えてしまいます。でもそんな現代の風潮と裏腹に、一人で坐っていることが本当に素晴らしいことなんだと百丈禅師は言うわけです。

しかし、現代社会を見てみると、むしろ人とのつながりを求める中で逆に寂しさがあったり、何かしなければいけないとあくせくしています。一人ではダメ、何もしないのはダメ、と強迫されているように縛られて生きています。そういう時代だからこそ、一人で何もせずに坐るということの価値を再認識したほうがいいのかなと思うのです。

「ぼっち仏教」をはじめる

阿　かくいう私も二十代のときには初代引きこもりじゃないかというぐらい人付き合いが大嫌いでした。今でも苦手な部分があるのですが、その当時はひっきりなしにお寺にお檀家さんが来たり、宗派の中でもお坊さん同士の会合があったりして、いつどこにいても行き場がないという思いがしました。それで勉強に逃げて図書館にずっと籠もっているという生活を送っていましたね。

横田　ああ、それでたくさんの本を読んでおられる。

阿　いやいや、そのときに読んだ本の内容はすっかり忘れているんですが（笑）。

横田　この間、あるところでお父さんに初めてお会いしましたが、全然タイプが違うんですね。座席表に阿純孝と書いてあるから、「あれ、阿さんのお父さんかな」と思ったのですが、あまりに雰囲気が違うから、お付きで付いている者に「ここに阿純孝と書いてあるけど、あの方が本当に阿さんかどうか確かめて下さい」と言って確かめさせたんです。それで「阿先生です」と言うから挨拶に行こうって。見たところも全然違う。

阿　性格も全然違います。

横田　実に社交的な感じの方ですね。

阿　人付き合いも長けていまして。

横田　ああいう人は一人でいられないタイプでしょう。

阿　そうですね。もう必ず何かしよう何かしようと。独坐ができないですね（笑）。

横田　そうでしょう、そういう感じ。驚きました（笑）。

阿　父はそういう生き方なんですけれど、私にはそれを受け継ぐことにためらいがありました。坐禅に興味を持ったのは多分そのへんがきっかけなのかもしれません。一人になりたいという願望があったと思うのです。それで「ぼっち仏教」という名前を付けて、宗派とか組織とかには交わらず「一人ぼっち」で仏教を考えていこういろいろな活動をするようになりました。あまり人と関わらないようにしようというネガティブなところからはじまったんです。

一人になると一人ではないことに気がつく

阿　坐禅をはじめて、体得というほどではないのですが、だんだんわかってきたのは、独坐といっても決して一人ではないということです。ただ一人坐っていても、寒い中で一本のローソクの暖かさを感じたり、風が冷たいとか、そよそよ流れているとか、遠くのほうで散歩をする人の足音や子供のキャッキャ言う声が聞こえたり、今まで気づかなかったものがどんどん入ってきて、ああ、いろんなものにつながっているなと感じたんです。

横田　いつ頃のお話ですか。

阿　三十五、六歳の頃です。私は冷暖房のない釈迦堂に一人で坐っていました。確かに一人で坐っているのですが、決して孤独ではなく、畳もあれば壁もあるということに気づいたんです。一人で坐っていてもローソクの明かりもあれば線香の煙も立ち上っている。いろんなものが身の回りにあって、こうして自分は坐れるんだ。一人ぼっちになればなるほど今まで気づかなかったつながりに気づくようになったんです。

横田　ここで今、一人で坐っているのは朝ご飯を食べたからだとか、朝ご飯は誰かが作ってくれたお陰だとかそういう考えはありましたか。

阿　そこからどんどん敷衍して考えていったら、あらゆるもののお陰で今生かされてあるということを感じるようになりました。

横田　最初はやっぱり目の前の畳や障子を感じましたか？

阿　そうですね。予定調和の自分の家の中にいると当たり前に思ってしまって気づきませんけれど、お堂の中にいると、寒いとか暑いとか、屋根があってよかったとか、そういうことがわかってきます。本当は一人になりたくて坐ったわけですが、一人ではないということがだんだんわかってきました。

そのように自分は生かされて在ることを感じるようになると、そのうち人間関係などのコンプレックスが少なくなって、壁がなくなってきたように思います。逆説的ですが一人ぼっちになる経験をしたことによって、かえって人とのつながりを負担なくできるようになってくるのかなと実感しました。

横田　そういう体験が転機になったわけですか。

阿　それだけでもないのですが、それまで悩んだり葛藤したりしていた心が、ちょっとしたきっかけで開いたように思いました。今までいろいろ遮断したり断絶したり、面倒くさいとかしがらみだとか思っていたものが、実はそういうものがあって自分がこうして存在するんだと気がついたわけです。「あのせいで、このせいで」と思っていたのが、「あのお陰、このお陰」という見方に反転して、他者や自分以外のものを責めるというか、人のせいにするような意識がガラっと変わっていくような経験をしました。

坐蒲があってお畳があって屋根があってお堂があって、こういうつながりの中で坐禅ができる。こんなに自分があらゆるものとつながっているということが人間関係を遮断しているときには気づきませんでした。

それからしばらくして坐禅会を開くようになったのですが、参加者にも「一人になりたい、一人でリセットしたい」という人が多く、そういう人とのお付き合いは上下関係も壁もなく、気持ちを楽にしていろいろとお話ができるようになってきたんです。

たまにお檀家さんも参禅されますが、法事のときにはあまり会話する機会はなかったけれど、こういう人だったんだなと分かるようになり、とても親しくなることができました。それがきっかけで人付き合いがあまり負担じゃなくなってきて、お寺の人間関係でも、それ以外のところでも、知らないうちに壁がボンと落ちたようになりました。

横田　それまではお寺の人間関係が煩わしいと思っていたわけですね。その煩わしかったものが煩わしくなくなっていく。むしろ、それがあってこそ自分があるんだとわかってきたわけですか。

阿　そういうふうになったら人間関係も苦ではなくなってきて、自分で壁を作ったり鎧を被ることがなくなってきました。しょせん皆一人ぼっちで生きているわけだから、そこで壁を作らずに一人ぼっち同士で裸の付き合いができれば、上だとか下だとか、自分がどうだというコンプレックスもなく、自由に付き合えるんですね。

横田　ああ、なるほど。

阿　それまでは対人恐怖症もあって、人前で話せないどころか、コンビニで「いらっしゃいませ」と言われただけでドキッとして緊張してしまうぐらいでしたから。二十代の私はちょっとどうかしている人間でもあったんです。まあ坐禅で劇的に変化したとかすごい体験をしたということではありませんし、今でも相変わらずとっつきにくい性格で大勢の人といるより一人が好きですが、肩の力がだんだんほぐれてきて、ゆっくりゆっくり機が熟してきている感じはします。

横田　それが「万法に修証せらるる」ということじゃないですか？

阿　そうだろうと思うんです。

横田　一人ではないということね。

阿　自己も他己も身心脱落するということですね。周りの光にも気づかされて。

横田　万法が顕わになってくるわけでしょう。

阿　ああ、そこにつながりますね。本当に身軽というか、若い時分よりも気分よく生きることができるようになりました。「独坐」の「独」に「孤独」という意味があったとしても、それは決して一人寂しくいるというネガティブな孤独とは違っていて、いろんなものの本来あるつながりに気づかされながら独りでいるということなんですね。孤独であっても孤立ではないという気がしています。むしろ人とのつながりを求めていつも大勢の人の中で生きている人のほうが寂しさや疎外感を感じているかもしれませんね。

アローン精神と良寛さん

阿　英語だと孤独には二つの言い方があります。一つは「ロンリー（lonely）」で、もう一つは「アローン（alone）」ですが、まさにこの「ロンリー」と「アローン」の違いだと思うのです。「ロンリー」は寂しさをともなう孤独感で、人との付き合いにあくせくして皆とつながりたいと思っている人のほうがそれを感じるのではないでしょうか。「アローン」というのは、一人であるとか多数であるとかに左右されずに生きていける。誰が言ったか、「多くの人といるときには一人だと思え、一人でいるときには多くの人といると思え」という言葉があります。まさにこれが「アローン」の精神なのではないかと思うのです。

山の中で一人ポツンと坐っているのも、百丈禅師の心境としては寂しいのではなくて、自分が山そのもの、大地そのもの、宇宙そのものになっている。自分が大自然とつながって一体になって坐っている。そういう思いで「独坐大雄峰」とおっしゃったのではないでしょうか。

ワン・オブ・ゼムと考えたら人間は非常に寂しい存在です。七十億人の中のたった一人とか、宇宙の中のほんのちっぽけな存在だと考えると、私たちは塵のように取るに足らない存在です。でも、自分が山と一体だと感じることができれば、分母と分子が逆になります。七十億分の一、宇宙分の一が逆転して、一分の宇宙、一分の七十億となるわけです。自分というものが七十億の存在であり、宇宙そのものの存在であると気づいたときに、「奇特だな」という思いになるのではないでしょうか。

私にとってアローン精神の代表格は良寛さんです。良寛さんは小さな庵で一人生活をされました。でも、孤高の人とか近づき難いような人ではありません。禅僧の中で「良寛さん」と「さん」付けされている人はこの人ぐらいでしょう。一休さんもおられますが、一休さんは漫画の影響がありますからね。「良寛さん」と呼べるのは、やはりこの方の人柄なんだと思います。

この良寛さんに**「世の中に　まじらぬとには　あらねども　ひとり遊びぞ　我はまされる」**という歌があります。私の好きな歌です。世間とまじわらないわけではないけど、やっぱり一人遊びが一番好きなんだよな、というのです。

良寛さんは里からちょっと離れたところで一人暮らしていましたが、来客があったら「やあ、よく来たな」という感じで誘い入れて、時々は町中に出て遊んだりしていました。また子供と遊ぶのが大好きでしたから、いつも子供たちと一緒にいました。それでも基本は一人でいる時間を大切にされていた。

有名なかくれんぼの話がありますね。子供と一緒にかくれんぼをして、ずっと良寛さんは隠れていたんですね。必死になって子供に見つからないところに隠れていたら、子供たちは日が暮れて帰ってしまった。でも良寛さんはそれに気がつかずにずっと隠れていたんですね。朝になって村の人が良寛さんを見つけて、「何をやっているんですか」と聞いたら、良寛さんは「しっ、子供に見つかるぞ」と言ったという逸話があります。

良寛さんは一人遊びが好きなので、多分夜中も子供に見つかったらどうしようとドキドキワクワクしていたのかもしれません。あるいは、虫のリンリンという鳴き声を耳にして、ああきれいな音だなって思っていたかもしれません。そんなふうに遊びながら楽しみながら一人で隠れてたんじゃないのかなと思うんです。

「ありのまま」と「ありのままでいいんだと思う」のは全く違う

阿　「一人遊び」という言葉で坐禅を語るとお叱りを受けるかもしれませんが、良寛さんからすると一人遊びという感覚で坐禅をしていたのかなと思います。世間と断絶してしかめっ面で一人孤独で坐るよりも、かくれんぼで楽しく隠れているような遊び感覚で坐るほうが私はいいなと思います。勝手な解釈ですが、百丈禅師の独坐もそうだったのではないでしょうか。

そこで横田老師にお聞きしたいと思うのですが、「僧礼拝す。丈便ち打つ」というのはどう解釈すればいいのでしょうか。「独坐大雄峰」という言葉を聞いた僧が「ああ、そうですか」と言って礼拝をしたら、百丈禅師がパシッと竹の棒で打ったというんですね。

ひろさちやさんの本を前に読んだときに「独坐大雄峰」の解説をされていて、パシッと打ったのは、せっかく世間を離れて一人で坐っているのに邪魔をするなよという意味で打ったというような解説をしておられたのですが、それは違うと思ったんです。そうではなくて、百丈禅師の独坐する姿を見て、僧侶がただそれを拝むだけだとしたら、「ああ、そういう素晴らしい人なんですね」という他人事で終わってしまいます。だから、百丈は「あなただって大雄峰に独坐しているということを僧侶に伝えたくて打ったのではないかと。今風の言葉で言えば、「お前もな！」という感じでしょうか。

横田　なるほど。私は、今こうして坐っていることは素晴らしいんだと思う、それを叩いたんじゃないのかなと思うんですけどね。何て言うのかなあ、有り難いこととか素晴らしいことというのを概念で捉えてしまう。お念仏の方が「婆さん、そのままのお助けであるぞ」と言い、それを聞いたお婆さんが「ああ、このまま助かりますか」と言ったら、「それは違う」と言ったという話があります。「そのままで助かる」という事実と、「そのままで助かるんだと思う」というのは違うんですね。「そのままであること」と、「そのままでいいんだと思う」ことは違うんです。ここに大きな違いがあるんですね。

「ありのまま」と「ありのままでいいんだと思っている」のは違うんです。良寛さんのようにありのまま、「ひとり遊びぞ 我はまされる」と坐っている良寛さんと、良寛さんのように生きようと思って「俺もそういうふうにやろうか」と思う人は違うんですね。そのものになっているか、それを外から見て解釈してしまっているかの違いじゃないかなと私は思っているんですけどね。

阿 ああ、観念で捉えずに。

横田 そういうことですね。百丈は本当に独坐大雄峰で坐っていたんですけれども、それを見て「ああ独坐大雄峰で坐っていればいいんだ」と思い込んだら、それはもうズレてしまっている。

ありのままの問題もそうですね。ありのままなんです。でも、ありのままでいいんだと思っているのは間違い。ありのままでいいんだと思っているのと、ありのままであることは大きな違いがあるんですよ。良寛さんの素晴らしさと、それは素晴らしいと思って俺もやってみようかと思うのはもう全然違うんです。それと同じように、百丈が「独坐大雄峰」と言ったから、じゃあ俺も帰ったらそれをやってみようかと思うのは似て非なるもの、ということです。

ですから奇特なこと、素晴らしいことがあるんだと思って捉えてしまったことに対する否定なんですね。それを否定して、ああこれは違っているんだと気がつけばいいんじゃないかと私なんかは思うんですけれど。これ、あまり解釈をしませんよね。

阿　そうですね。だいたい「僧礼拝す。丈便ち打つ」の部分がない解説が多いんです。

横田　聖なるものを概念で捉えることを否定するというのが禅ではよくあります。前に出た乾屎橛なんかもそうでしょうね。それを有り難がるというような考えを否定する。かといって、じゃあ乾屎橛が仏だと思っていいんですかというと、それも違うとこういうふうになるわけでしょう。

だから悟りを持ち帰っちゃいけないというか、概念にしてはいけないというか。そうなると自分の考えの枠の中に入ってしまうから、それを叩いたんじゃないかなと思っているんですけれども。

阿　否定なんですね。

横田　まあそういうところじゃないかなと私は思っているんですけどね。聖なるものの否定。聖なるものを概念化することに対して、それを概念として持ったらもう生きたものではないと。

阿　即ち否定だというのは目から鱗ですね。

横田　もちろん、それを褒めたと見る人もあるんですけれどね。だからこういうのはその人その人の解釈でしょうね。『碧巌録』なんかもそうですよね。我々も問答で、そのときにこの僧は打たれたけれどそれをどう見るのかというとき、僧の力量を認めて打ったと見る人もいるし、この僧はダメだから打たれたんだという見方もあります。それは老師方によっても違うんです。参禅をしても、この老師は褒めていると見る、この老師は否定と見る、もう見る人によって違います。

だから、私は今のところ否定として見ているということですね。そのほうが面白いなと思ってね。奇特というのを完全に打ち消さないと完結しないと思うんですよ。奇特を持って帰ったら困るんです。これが奇特だと思われると、それはもう既に奇特ではなくなっている。そんなことは忘れてご飯を食べているのが奇特なんですよ。

言葉だけ覚えてて坐っていればいいんだと思われるとこれまた違うんですよ。庭を掃いていても奇特だし、走っていても奇特だし、もういかなるときも奇特にならなければ。独坐大雄峰と言われて、この山にまた来て坐らなきゃいけないと思って坐っていればいいんだということではない。だから禅は否定なんですよ。そうすると生きてくるんです。そういうところを私なんか味わいたいんですけれどもね。

今この場で一人坐って「これでいいんだ」で終わると寂しいところがあります。そこから一歩踏み出るということを我々禅では大事にしているんです。

隨處作主

悟った後にもう一度現実社会に戻らなければ意味はない

横田　今の話で思い出したのが『臨済録』にあるこういう言葉です。

「一人は孤峰頂上に在って、出身の路無く、一人は十字街頭に在って、亦た向背無し」

よく使われる言葉ですが、小川隆先生によると、『臨済録』で二つの立場を並べているときには並列ではなくて、必ず後者が自分の考えであると臨済は主張しているというんです。

これから見ると「孤峰頂上に在る」とは、誰も寄りつけないような山の天辺、いわゆる修行の究極、悟りの頂点に到達して、もはやそれ以上の超出の余地はないという独特の境地です。「出身の路無く」は、そこから外に踏み出すということをしないということですから、自分はこれでいいんだと完成したところに留まっている状態を言っています。

臨済はこのあり方を否定的な思いで言っていると、小川先生はおっしゃいます。そして、これは徳山宣鑑《とくさんせんかん》という臨済と同時代の禅僧の生き方を攻撃しているのだと教わりました。徳山は文字通り、世間の人との交流を断って高いところに居続けた人です。それを攻撃しているというわけですね。

そして臨済が主張しているのは、後者の「十字街頭に在って、亦た向背無し」というあり方が大切なのだということです。「十字街頭」とは、我々の生きる現実の社会です。相対的な日常の現実に立ちながら、その相対性を超えた自在な生き方をする。この現実の社会に下りてきて「向背無し」、現実の世界に迎合する（向）わけでもなく、そうかといって背を向けて生きる（背）わけでもない。そういう生き方をしなくてはいけない。悟って高いところに留まっていて終わりではなくて、もう一度、現実の人たちがいる町まで下りてこなければ意味がないというのが臨済の考えだったんですね。おそらくこのへんが禅というものの大きな特徴です。

上座部仏教だと、自分の煩悩を滅尽したら後は振り返りませんね。それがすべての終わりであって、後に残っている人たちをどうするという発想は別にないわけですね。

阿　ええ。あったとしてもオプション扱いみたいなものですね。

横田　ところが禅では今お話ししたようなことを強調するんです。おそらく禅というのは大乗仏教の一つの流れとして出たのでしょう。だから、自分が解脱をしてそこで終わるのではなくて、そこから人々を救い導くという新たな生き方が出てくるのではないかと思います。

私は禅以外の大乗仏教にはあまり詳しくないのですが、そのあたりは他の大乗仏教でも出てくるのでしょうね。大乗仏教の菩薩なんていうのは、仏になった後でもう一度菩薩に戻るというわけですから、まさにそれを具現化したわけでしょう。

菩薩というのはもともと仏になるための修行をしている者を言ったわけですね。でも、大乗仏教になると、仏になってもう一回菩薩に戻ると言いますね。それが観音様とかお地蔵様とかいうようなものですけれども、要は、人を救い、人を導いていくためにもう一度下りてくるという発想です。

浄土教でも往相と還相と言いますね。お浄土に行ったら行ったきりではなくて、すぐこの世界に戻ってくるんだと。極楽に行って温泉につかって終わりという話じゃない（笑）。速やかに戻ってくるということがあるわけです。

禅もこれと同じ概念だと思います。だから高い悟りに達したら、決してそこに留まっているのではなくて、もう一度、町に下りてくるんだということを説きます。それが大事なことなのです。

高千穂の夜神楽から感じた日本の仏教のあり方

横田　そこで、もう一度戻ってくることの大切さを説いた禅語を幾つか挙げてみたいと思うんです。最初は次の言葉です。

「渓澗《けいかん》豈《あ》に能く留むれども住《とど》むること得んや、終《つい》に大海に帰して波濤と作《な》る」（碧巌十一頌評）

これも我々は同じような意味で使います。深い山の中の渓谷を流れるせせらぎは澄みきっていて清らかです。しかし、ずっとその渓流に留まっているわけではありません。そこから流れていって、やがて大海原に出ます。この大海原は現実の社会のことだと今の禅宗の立場では受け止めています。つまり、清らかな渓谷は確かに素晴らしいけれど、いつまでもそこに留まっているのではなく、そこから下流まで流れ下りていかなければならない。そういう意味で、この言葉を使います。

余談になりますが、この間、宮崎の高千穂に行ってきたんですよ。そこにすばらしい渓谷がありました。その清らかさに感動しました。この高千穂神社で八十一歳の坂村真民先生が夜神楽を見て、大宇宙は大和楽であるということに目覚めたんです。その夜神楽を見たいと思って行ってきました。見せてもらった高千穂神社は天孫降臨の場所だと言われています。その時代からずっとその神楽が伝わっているんですね。

天照大神が天岩戸の中に入ってこの世が闇になったときに、何とかして天照に岩戸から出てきてもらおうと、みんなで踊りを踊ったわけですね。その踊りを村の人たちが百姓をしながらずっと伝えてきているんです。高千穂では毎晩やっているそうです。

夜神楽にはストーリーがあります。まず天照大神がどこにいるかがわからなくなってみんなが捜し回る。ようやく天岩戸にいることがわかって、その前で踊りを踊る。すると天岩戸が開き、この世に再び光が戻ってきて、それを喜ぶ歌を歌う。あとは地元の人たちが一年の収穫を得て、お酒を造って互いに酌み交わして、男女睦まじく楽しむという、そういう流れになっています。

これを見ていて、なるほど、一生懸命農作業をして実りを得て、お酒を醸造してお互いに酌み交わして、夫婦睦まじく子供をつくって楽しく暮らすというところに日本の原点があるのかなと思いました。そういう見方をしていると、仏教というのがよそからやって来て、あれをするな、これをするな、というのはよけいな教えだなというのがわかった気がしました。そう言っちゃうと怒られてしまうけれど（笑）。

日本における大乗仏教のあり方は、長い間、神仏習合でしょう。鎌倉の鶴岡八幡宮もかつてはお寺だったんですよ。岩清水八幡宮もお寺ですね。日本の仏教は上座部からよく批判されることに、阿先生には申し訳ないですけれども、坊さんが結婚することがありますね。

でも、高千穂の神楽を見て、これは神仏習合という本来日本にあった実りを得てお酒を酌み交わしながら和気藹々と暮らしていく、何の憂いもなく和らぎ楽しんで暮らしていくという生き方そのものではないかと思いました。仏教もそれに溶け込んでいったから、日本の坊さんは適当にお酒も楽しむし、家庭も持つようになったのではないか。そういうふうにして溶け込んだ姿と見ることはできないかなあと思ったんですけどね。

阿　それは大変ありがたい根拠を得たような気がします。すごく納得できますね。

横田　仏教というのは土地土地に根付いていくもの、土着をしていくものだと思います。インドではカーストによって仕事が決まっています。仏教の出家教団はカーストから出てしまったため、仕事をやろうとしてもできなかった。インドでお坊さんが結婚できない、つまり子孫を残せないのはカーストを出た存在であり、生まれた子供は社会的に認められないからそこで終わるしかなかったという一面もあるのではないかと考察しています。

それが中国に移ると、特に禅は労働するようになります。そこから農家の人と一緒に働いていくという禅が起きてきます。日本でも、お葬式のときにお清めといってお酒をふるまわれてきました。お清めというのは完全に神道の思想ですよね。

阿　おそらくそうでしょうね。

横田　神仏が融合しているんでしょうね。残念ながら明治からこちらは神仏分離で離そうとしてしまいましたけれど、日本の本来の神道的な人間観と世界観に仏教が馴染んでこうしてあるのではないかと思ったんです。

熊本県の阿蘇の近くに幣立《へいたて》神宮という神社があります。伊勢神宮より古くて、神社の根本というような神社です。そこの宮司《ぐうじ》さんが坂村真民先生の親戚で、この間もお話をしたのですが、「高天原に神留り坐す　神漏岐《かむろぎ》　神漏美《かむろみ》の命以て……」という大祓の祝詞はこの幣立神宮の初代宮司が作ったと言うんですよ。

それで「初代宮司というのはいつ頃の人ですか」と聞いたんです。平安時代の人だとか言うかと思ったら、「うちの初代神宮は天照大神を迎えに行ったのであります」と（笑）。それから「神話というのは物語ではなくて事実なんです」と言われました。

修行を究めた後は世の人のために汗を流す

横田　さて話が脱線したのを戻さなければなりません。高千穂の渓谷に感動したという話でしたが、清らかな渓流に留まるのではなくて、そこからずっと流れていって大海原に行く。この大海原というのは、この現実の社会のことで、そこに流れて出ていくのだというふうに今の禅宗の立場では受け止めているわけですね。清らかな渓谷は確かにいいけれど、そこに留まっていてはいけない。そこからずうっと下り流れて行かなければならないということなのです。

これと同じような意味で、**「百尺竿頭一歩を進め、十方刹土全身を現ず」**（無門関）という言葉もあります。「百尺の竿頭に至ったとしても、まだ十分とは言えない。そこからさらに身を転じて、十方世界に全身を現せ」という意味ですね。自らの修行を究めてそれでよしとしていてはいけない。さらにこの世界に身をなげうって、人々のために汗を流して尽くせということです。

この「百尺竿頭」というのは悟りの頂点です。もうこれ以上高い心境はないという心境です。でも、そこに留まることを禅宗では大変に嫌うんですね。あまりに清らかすぎるのを嫌うんです。趙州などはそうですね。「仏という言葉を聞くのも嫌だ」とか「仏という言葉を聞くと唾を吐きたくなる」と言っています。

道教、老子の教えにも**「太白は辱《よご》れたるが若く」**とあります。本当にきれいなものは薄汚れているという思想です。純白を嫌うんですね。完全無欠を嫌うんです。少し薄汚れているところ、少し乱れているところ、少し欠けているところがあったほうが人々は親しみやすいと考えるわけです。

ですから、頂点に留まるのではなくて、そこから更に一歩踏み出てこの世界に身を現しなさい。そして、この世界で人々のために尽くしていきなさい、と。

こうした考え方を表したのが『十牛図』の最後に来る「入鄽垂手《にってんすいしゅ》」です。そこにはこうあります。

「瓢《ひさご》を提げて市に入り杖を策《つ》いて家に還る。酒肆魚行《しゅしぎょこう》、化《け》して成仏せしむ」

『十牛図』というのは、いわゆる本当の自分を牛に譬えて、それを探しに行くわけですね。その過程を十段階に分けているわけですが、途中で牛がいなくなるんです。本当の自分とは今のこの自分自身なんだと気づくことによって、牛が必要なくなるわけですね。「独坐大雄峰」のところでお話ししたように、「ここで坐っていることが本当に素晴らしいことなんだ」と気づけば、それ以外に自己を求める必要がなくなるのと同じです。

しかし、『十牛図』は決してそこで終わるのではなくて、もう一度現実の世界が現れてきます。最後の「入鄽垂手」には布袋《ほてい》さんが出てきますね。この布袋さんはちょっと薄汚れています。体型も尊いような体型ではなく、少したるんでいて、わざと親しみやすい格好をしています。そんな布袋さんが「お酒を入れた瓢をぶら下げて町の中に入って行って、杖をついて元の家に帰る」のです。

「酒肆魚行」の「酒肆」は酒屋で、「魚行」は魚屋です。酒屋さんでもお魚屋さんでも、普通であればお坊さんがそんなところに行くのはけしからんというところでしょうが、敢えてそういうところに行って、そこの人たちと一緒に話をし、お酒を酌み交わす。そうしながら、その人たちを仏にすることができるのだということなんです。でも、これはなかなか難しいですよ。飲んじゃうとただの酔っ払いになってしまうから（笑）。

阿　それはいつも身につまされています（笑）。

横田　私がお仕えした先代の管長はよく「十年坐禅をして、そして飲みに行って一緒に飲んでいる人を信者にしてしまうぐらいの力があれば行ってもいい」と言っていました。でも、私は自分が十年修行をした頃、老師に申し上げたことがあります。「老師、それは無理であります。いくら修行してもお酒を飲めばただの酒飲みです」と（笑）。『十牛図』にこうあるからといって、我々が飲みに行けばなかなかそうはいかないですね。

無駄骨を折り続けるところに出てくる永遠に生きる願い

横田　次に挙げるのは『五家参詳要路門』という白隠禅師の弟子の東嶺円慈が記した本の中にある言葉です。

「紅塵堆裏《こうじんたいり》、灰頭土面《かいとうどめん》。声色隊中《しょうしきたいちゅう》、七狂八顛。火裏《かり》の蓮華、火に逢うて色香転《うた》た鮮明なるが如し」

　この「灰頭土面」という言葉についてお話ししたいと思います。これは「灰にまみれて顔中泥まみれになる」あるいは「土埃にまみれる」ことです。そこから、町に出て人々のために働くことを言っています。修行をしても自分だけよしとしてはいけない。世間には悩み苦しんでいる人が大勢いるのだから、きれいなところできれいなまま留まることはしない。奥深い山中に籠もるのではなく、現実の町の真ん中に出ていって、埃にまみれ、泥にまみれながら世間の人たちと一緒になって人のために働いていこうとする。これが「灰頭土面」です。

また、「火裏の蓮華」という言葉もあります。「泥中の蓮華」という言葉はよく使いますね。蓮の花は泥に染まらずに泥の中から咲くのだ、と。「火裏の蓮華」も似たような意味ですが、この言葉は禅以外でも言いますか？

阿　寡聞ですけれども聞いたことはないですね。

横田　ああ、やはり禅だけのものかもしれませんね。禅は激しいところがあるものですから、「泥中の蓮華」なんてまだ浅いというんですよ。燃えている火の中にあってそれに染まらずに涼しく花を咲かせるぐらいでないと、と。山岡鉄舟が天龍寺の由利滴水《てきすい》さんのところでこの問題をやって悟ったと言われています。

しかし、そういう人々のために尽くしたところで決して尽くし切れるものではありません。**「雪を担《にな》って古井《こせい》を填《うず》む」**という言葉があります。雪で井戸を埋めようとしても井戸は埋められない。石や土と違って雪はどんどん解けていきますからね。それは無駄骨なんです。けれども、この無駄骨こそが尊い。

それと同じように、人々の悩みや苦しみをいくら救っていこうと願っても、悩み苦しみがなくなることはありません。しかし、願い続け、行い続けていく。無駄骨をずっと折り続ける。何も報いがない、何も手応えがない。でも、ただひたすら馬鹿者のようになって無駄骨を折り続けていく。そこに永遠に生きる願いというものが出てくるんだということです。

これを**「願生」**と言います。願いに生きる。菩薩の精神、大乗仏教の精神、禅の一番の究極です。非常に実際的で泥くさくて即物的な表現をするのが禅の特徴ではないかと思います。おそらくこんな泥くさいことは天台教学では言葉として出てこないでしょう。

阿　確かに天台の場合、言葉の渦に埋もれてきれいな言葉で収めていくところがあるように思います。天台が廃れて禅が隆盛した理由もそんなところにあると思います。

横田　「円頓章《えんどんしょう》」ですか、あれもきれいな言葉ですものね。禅宗では「灰頭土面」とか、こんなことを言う。

阿　禅宗は現実的ですね。

横田　現実的、即物的、泥にまみれていくところがあります。だから割にどんな時代でもしぶとく生きてたんじゃないかなあと思うんです。

歴史をさかのぼってみると、廃仏とか仏教弾圧というのはよくあるんですね。臨済や趙州の時代にも会昌《かいしょう》の廃仏という仏教大弾圧がありました。でも、誰かが言っていましたけれど、禅宗は弾圧に強いんだそうです。その理由は、普段から修行で虐げられているから（笑）。それから禅宗は別に経典がなくても平気なんですよ。仏像がなくても平気なんです。この身があれば禅は生きていける。だから、しぶとく生き残ってきたんです。

明治の廃仏運動のときでもそうです。あれはいろんな人たちが努力したということもありますが、申し訳ないけれど、学問仏教は弱かったですね。有名な話ですが、奈良の興福寺なんかは大勢の坊さんがやめてしまって、あの五重塔はえらく安く売ったんでしょう?

阿　そうですね。

横田　でも、なかなか買い手がつかなくてね。結局、誰かが買ったわけですが、なんのために買ったかというと、使っている金属を取るために買ったと。金属を取るのにいちいち解体するのは大変だから、火をつけて燃してしまって金属だけが残るようにしようとしたら、近隣の住民が火事になるから止めてくれと言って、そのまま残ったという話を聞いています。どこまで本当かわかりませんけれど。

でも禅宗というのは少々弾圧されても平気で生きている。泥くさいところで生きるというのを美学にしていますから、しつこく生き延びたというところがあるのではないかなと思うんですけどね。

ということで「雪を担って古井を填む」というのも、「独坐大雄峰」と同じで、高いところに留まらないということを言っているわけです。人々の中に入っていって人のために尽くしていく。それでいて決して報いを求めようとせずに、永遠に努力をし続ける。そうした生き方をせよ、というわけです。

自分がないということは何者にも自由になれるということ

横田　鈴木大拙も『東洋的な見方』の中で、禅というのはただ坐っているところに留まるものではないと言っています。大拙先生はこう言われているんです。

「慈悲は行動の原理であるから、けっして人をして閑坐せしめることではない。四苦八苦の娑婆の真中へ飛び出て、堪え難きに堪え、忍び難きを忍び、刻苦精励して、人間のため、世界のため、何か大慈大悲底の仕事を行ずるのである。そうしてその行動は報いを求める行動ではない。無目的の目的で働くのである。これを無功用行という。自由性の発動である」（「自由・空・只今」）

阿先生が、これが自分だというものはないのだという話を丁寧にしてくれました。しかし、自分というものは何もなくて終わりというのではなくて、それはむしろ自由に動け、自由に何者にでもなれるということなんですね。そういう転換があるわけです。何者でもないということは何者にもなっていける、どんな立場にでもなっていけるということです。

そして禅は、大拙先生が説かれているように、いろんな人に対して無限の慈悲の働きをしていくことができる。これが空から慈悲へという転換です。空というのは自由性なのです。固定したものを持たないから、逆に自由にいろんなところに行って働いていくことができる。そういうことを言っているわけです。

大拙は『東洋的な見方』の中で「禅の無」についてこう述べています。

「禅の無には消極性・否定性・寂滅性・破壊性などというものは、髪の毛一筋ほども、見つからぬ。無限の積極的可能性を有っているので、いつも『君に勧む更に尽くせ一杯の酒』である。酔っ払って、ぐでんぐでんになる酒でなくて、陶然として、一日の労を休める一杯である」（「現代世界と禅の精神」）

空という自分というものはないんだというところから無限の積極性・可能性を持って働いていくことができる。これが大拙先生の強調したところで、今日我々がこうして複雑な世の中で生きていくために大事なところなのではないかと思うんです。

主人公として「今ここ」を生きる

阿　自分がないとは自由に何者にもなれることだとお話しいただきました。複雑な世の中を生きていくには、『臨済録』にある**「随処に主と作れば、立処皆な真なり」**という心構えも大切だと思います。この言葉は、「どのような局面、どのような状況にあっても、その場の主人公となりなさい」ということを言っていますね。これをもっとわかりやすく言うと、「今ここにいなさい」ということですね。

そう言うと「いや、いるじゃないか」という反論があるかもしれません。しかし、体は「今ここ」にあっても心はなかなか「今ここ」にいるのが苦手です。終わったことを引きずっていろいろ思ったり、これからやらなければいけないことで頭がいっぱいだったり、あの人はこうだからと人のことが気になったり。

本当の意味で私たちは、心も体も「今ここ」にいないことのほうが多いのではないかと思います。

そういうふうに目の前にあることに対して否定的な気持ちになって、「これは自分の役目ではない」「これは自分にはちょっと無理そうだから」「いつかもっと自分らしい何かが見つかるはずだ」と言って、「今ここ」になり切れないで脇役的な存在になっている。主人公になれないでいる人が多いのではないかと思うのです。

最近よく「自分を見失った」とか「生きる意味がわからない」と悩む人がいます。それはおそらく「今ここ」が虚ろであるからではないでしょうか。「今ここ」が虚ろなまま、何かでそこを埋めようと思って、過去の自分を引っ張り出してみたり、将来の自分に向けて「今のままじゃいけない」と思ったり、人と比較して「ああいう人になりたい」と思ったり、自分でない自分を一生懸命求めています。

でも、「今ここ」にしか私たちはいないわけですから、それ以外のものは幻想でしかないわけです。そんな幻想を一生懸命追い求めて、あるいは比較をして生きて、思い悩みを深めて「どこに自分はいるんだろう」と思ってしまっていないでしょうか。

私たちの思い悩みとは結局、比較からくるんです。過去の自分と今を比べて、「あのときはあんなに元気だったのに、なんで今はこんなに老けちゃったのか」と思ったり、将来の自分と今を比べて「自分はまだまだ至らないな」と思ったり、人と比較して「あの人にはどう思われてるだろうか」と思うようなところから出てくるものです。

でも、これらはすべて頭の中でつくった幻想です。幻想と比較しても比較しようがないんです。「今ここ」にしか自分がいないのであれば、それが最上・最高の状態です。そんなせっかくの最高の状態を無駄に幻と比較して台無しにして生きてしまっているのではないかと思うのです。

そのまま「今ここ」になり切って主人公になれば、自分の立つところはすべて真実であり、そこがゴールであるということになります。私たちが直線上の矢印でゴールに向けて歩いていると考えると、「今」はそのゴールのための手段にすぎませんし、取るに足らない一歩にしかならないとなってしまいます。しかし、私たちの人生のどこにそんな線が引いてあるのでしょうかね？

仏教では悟りの世界を円で譬えることがよくあります。その世界はどこにあるかというと、お月さまを眺めるみたいにはるか遠くにあるのではありません。私たちが今立っているこの場所がすでに円の世界なんです。つまり、誰もが円環の上にいるというわけです。そうであれば、ゴールはいつも私たちの足元にあります。どこか遠くに探しに行く必要はありません。誰が前でも後ろでもありません。立っているところはそれぞれ違っていても、皆が平等に真実の一歩を踏んでいるのですね。

「今ここ」に真剣な子供と深刻な大人

阿　幼稚園の保護者会のときに、お母さん方に「皆さんの可愛いお子さんがオギャアオギャアと生まれたときに、自分の子供を不完全だな、人間としてまだまだ欠けてこんなに至らないなって思ったことありますか」と聞くんです。もちろん、誰もそう思うなんて答えません。オギャアオギャアと精一杯泣いている姿が完璧なんです。

それがだんだん大きくなって、ずり這いしたりハイハイしたりするようになる。そんな子供を見て、親は「なんだ、まだ二足歩行もできないで」とは決して思いません。精一杯ハイハイしている姿が完璧なんです。それから幼稚園に入って一生懸命合唱したりとか、頑張ってかけっこしたりしている姿を見ても、ああやっぱり完璧だなというふうに思います。子供というのは、ずうっと完璧なままだと思います。

ところが、子供が成長するにしたがって、親はいつしか人の子と我が子を比較したり、将来の理想的な大人像みたいなものと比較をするようになります。そして「この子はまだまだ」「あの子に比べてうちの子は」と思うのです。不安にかられて、完璧な存在にケチをつけてしまうのです。でも、ずうっと精一杯に生きていれば、その姿はいつでも完璧です。何かと比較する必要などないのです。

それは子供の間だけではなくて、大人になっても、精一杯に生きていればずっと完璧のまま生きているんです。それを忘れてしまって、私たちはどこか自分の欠けたところを探したり、人と比較して自分はダメだと思ってみたりして、完璧さを見失ってしまうのではないでしょうか。

子供というのは不思議なもので、自覚はしていないけれども、日々完璧な自分を生きています。それは「今ここ」になりきっているからです。「今ここ」の主人公として精一杯元気で生きているんですね。そして子供はいつも「今ここ」に真剣です。

これに反して、大人は「今ここ」に深刻なのです。深刻という字は「深く刻む」と書きます。過去・現在・未来の自分というものを深く刻んで、人と自分はどこが違うというように深く刻んで、それをずっと持ったまま生きているわけです。

「刻舟求剣」（舟に刻みて剣を求む）という中国の故事があります。刀を持った人が舟で船着場から向こう岸に渡ろうと思ったら、刀をうっかり川に落としてしまいました。その人は「ああ、どうしよう」と思い、「そうだ！」と落とした場所を忘れないように船の中に×印を刻んでおくのです。そして、舟が岸に着いてからその印のあるところに潜って剣を一生懸命探すという笑い話のようなお話です。

私たちも常に「今ここ、今ここ」と流れているのに、心の中に×印を刻んで、今ないものを一生懸命求めようとしていないでしょうか。いつも「自分がない、自分がない」と探し回って深刻になっていないでしょうか。

これに対して、子供はそのときどきの流れになり切って、「今ここ、今ここ」と生きています。それが本当の真剣さというものだと思うのです。大人は真剣勝負というとすごく厳しい顔をして、「よし、頑張ろう、勝つか負けるかだ」とやりますけれど、それは本当の真剣ではないのではないでしょうか。今ここに寛いで楽しい気分で過ごしているのが本当の真剣な生き方なのかなと思うのです。

横田　一橋大学の学生さんたちが円覚寺に一泊で坐禅に来たときに、最後に私との質疑応答コーナーを設けたんです。一方的に語録の話をしても聴きませんし、一方通行では面白くないだろうから、「一人一問ずつ質問をしてもらってそれに答えましょう」とやったわけです。そうしたら「別れた彼氏のことをどうやったら忘れられるか」という質問が（笑）。そんなこと知らないよって言ったんだけど。

阿　本人は深刻なんでしょう。

横田　困っちゃった。そんなにいつまでも思うものなのかな。どうすればいいですかね。

阿　電車に譬えて、一本乗り過ごしてもまた次が必ず来ますよって（笑）。

横田　ああ、なるほど。いつまでも乗り過ごしたとクヨクヨしていないで、次の電車を待ってそれに乗りなさいというわけですね。でも、それは東京の人の発想ですね。私の田舎に名古屋から帰るときには三時間に一本しか来ないからね（笑）。

でも、そんなことを今深刻に悩んでいる人も何年かすれば忘れますからね。

阿　前に坐禅会の参加者が女性ばかりで女子会のようになって、茶話会でお話をしたことがあるんです。そのときに「一番今願っていることはなんですか」と聞いたら、「今の経験知識のまま過去に戻りたい」と言う人がいました。「どのタイミングに戻りたいんですか」と聞いたら「結婚する直前に戻りたい」と。違う相手を選びたかったとか、ちょっと旦那さんには言えないような話で盛り上がったのですが、どこかそういう、「あのときこうだったら」みたいな思いを持っている人は多いのかもしれませんね。

横田　なるほどねえ。そんなのは無駄なこととしか思えないんだけど。

阿　今がすべてですからね。

横田　そう思いますけどもね。

一歩一歩の中に人生すべての価値がある

阿　「はじめ塾」の創設者である和田重正氏がよく学生たちに出していたクイズがあるんですが、私なりにアレンジして幼稚園のお父さんお母さんたちに話すことがあるんです。

「今、皆さんに百万円を差し上げます、と言ったら嬉しいですよね。でも条件があります。ここから十万歩歩いた人にだけです。いや、たとえ話ですから本気にして部屋から飛び出さないでくださいよ。さて、その場合に一歩の価値はいくらになるでしょうか？」と、こんなクイズです。ほとんどの人が十円と答えます。つまり、百万÷十万＝十という割り算をするわけです。確かに計算すればそれが正解です。しかし、それは本当に事実と合うでしょうか。例えば三歩で三十円、百歩で千円払えといわれたら、その価値はないと答えるでしょう。だとすると一歩の価値はゼロです。しかしまた、最後の十万歩から考えてみたらどうでしょう。ゴールから一歩前の九万九千九百九十九歩から十万歩への一歩は百万円の価値があります。そうすると、その前の一歩も百万円の価値があります。そしてその前も……。そうやって最初まで考えると、すべての一歩に百万円の価値があることになります。つまり、一歩の価値はゼロでありながら同時に百万円でもあるのです。

人生も同じで、一歩一歩はとるに足らない無価値なものかもしれません、不本意な一歩かもしれません、失敗の一歩かもしえません。でも同時にその一歩には人生すべての価値があるといえるのです。理屈で考えれば矛盾するように思います。しかし、実際私たちが生きているこの事実の世界というのは、頭の計算では成り立たない不思議なものなのだ、と和田氏は言っています。

まさにその通りで、私たちの命についても同じように言えると思います。一人一人の命の存在は宇宙全体からすれば取るに足らない塵芥のようなものかもしれません。一瞬の儚いものかもしれません。しかし同時に、宇宙大の価値を一人ひとりの命が担っているとも言えます。その命が今ここにあるんです。

一休宗純禅師の言葉に**「極楽は西方のみかは東にも北道**（きたみち＝来た路）**さがせ南**（みなみ＝皆身）**にあり」**とあります。極楽というゴールを探すといっても、常に自分というものが極楽と一緒にいるんだという意味ですね。これも同じことで、取るに足らない一歩であっても、その一歩の中にゴールがある。それが「立処皆真なり」ということと同じ意味なのかなと思うのです。

幸不幸を考えず、一歩一歩を生きていく

阿　そうした一歩の価値を示す禅語についてお話ししたいんです。最初は**「看脚下」**という言葉です。「看脚下」は横田老師が大好きな法演禅師と三人の弟子とのエピソードです。法演禅師が自分の腹心の三人の弟子がと一緒に明かりを点けながら夜道を歩いていたら、風で明かりが消えて真っ暗になってしまった。そのときに法演禅師は、三人の弟子に対して「お前たちどうする」と問いかけます。「真っ暗闇の中で生きていくときにどうしたらいいか。禅の心得を持っているお前たち、答えてみよ」というわけです。

するとと仏鑑という名の弟子が**「彩鳳《さいほう》、丹霄《たんしょう》に舞う」**（彩鳳舞丹霄）と言いました。

極彩色のきれいな鳳凰が真っ赤な大空に舞っている。すると、煌びやかなものに煌びやかなものが重なって、どこに鳳凰がいるか見えない。そういう譬えをして「こんなふうに生きていくべきじゃないですか」と答えるわけです。

それに対して仏眼という弟子は**「鉄蛇《てつだ》、古路《ころ》に横たわる」**（鉄蛇横古路）と言いました。錆びついて真っ黒になった鉄の蛇が古い荒れた道に横たわっているという、彩鳳舞丹霄の譬えと真逆の譬えです。汚らしいところに、また汚らしい道がある。汚らしいものに汚らしいものを重ねたら、何が汚らしいかわからなくなってしまう。「そういうところを歩きます」と答えたわけです。

この二人の答えは素晴らしいと私は思います。最初の答えは、極彩色の中に極彩色のものがある。つまり極彩色の人生を極彩色の存在が歩いていくのだから、先は見えなくとも自信を持って一歩一歩進んでいけばいいじゃないかということです。

これを「幸せを求める」ということに置き換えると、毎日すべてが幸せな人生だったら、きっと何が幸せかわからなくなる。だから、幸せになるか不幸になるかなんて考えずに、ただ歩いていればいいじゃないか、ということになるでしょう。これは超ポジティブな考え方だと思います。

横田　これは致知的な生き方ですね。人間はかく生きるべきです。大変いい話ですね。

阿　それに対して仏眼のほうは超ネガティブですね。すべてが不幸、すべてが苦しみだというわけですから。

横田　これは五木寛之先生を思わせますね（笑）。深い闇を抱えて闇の中を歩いていく。

阿　なるほど（笑）。闇の中を闇の存在で生きていくというわけですからね。幸せの中を幸せに生きていくのと、不幸の中を不幸に生きていくのと真逆の答えです。仏眼は「暗闇の中にいて先が見えないのだから、不幸だということはあまり考えずに不幸の中を生きていこうじゃないか」と言っているわけですね。結論としては、どちらも言っていることは同じで、「ただ生きればいいんだ」ということになります。

すると、そこで三人目の圜悟克勤禅師という弟子が「脚下を看よ」（看脚下）と言ったんですね。先ほど禅は泥くさく現実的、即物的だという横田老師のお話がありましたが、圜悟克勤禅師の答えもまさに単刀直入で、きれいな言葉で飾ってどう生きるかを云々説いても無駄。観念的なことを言わず、ただ脚下を見ていればいいってことです。

横田　これは鍵山秀三郎先生のようですね。足下のゴミを拾っていく（笑）。

阿　凡事徹底で目の前にあることを徹底してやりなさいということですね。

この答えを聞いて、法演禅師は「圜悟克勤はこの宗派を滅ぼすぐらい力のある人間だ」と認めたというエピソードです。脚下を見て生きればいい。そこにゴールがあるのだから、自分の人生は幸せだとか不幸だとかあまり深刻に考えずに一歩一歩進んでいけばいいのですね。

一隅を照らす

阿　もう一つ挙げたいのは**「竜潭吹滅《りゅうたんすいめつ》」**という禅語です。これは徳山宣鑑禅師にまつわる話です。徳山禅師は学僧でもあったのでしょうが、学問的に非常に長けていて、自分が一番だと自負しているところがありました。そして、馬祖道一《ばそどういつ》禅師の馬祖禅（経典に頼らず、日常生活の中に悟りを求めようとする禅）に対して反感を持っていました。馬祖道一禅師は「心が仏だ」とか言っているけれど本当にわかっているのだろうかと、ちょっと傲慢に思っていたわけです。

この徳山禅師が道すがらお店で軽食を頼みます。するとお店のおばあさんに、「あなたは金剛般若経というものをよく知っているっていうじゃないか」と言われました。「私はなんだって知っているよ」と徳山禅師が答えると、おばあさんは「今あなたが頼んだ軽食は過去の心で頼んだのか、現在の心で頼んだのか、未来の心で頼んだのか、どの心で頼んだんだ」と言いました。徳山は答えられず、「参りました」と言うと、おばあさんは徳山に「竜潭禅師という素晴らしい人がいるから会ってみなさい」と勧めます。

徳山禅師はどんな教えがあるのだろうかと興味津々で竜潭禅師のところに行きます。しかし、竜潭禅師に会ったときにも徳山禅師にはやはり鼻高々で、竜潭禅師の名前をからかって「あなたのところにはどこにも竜はいないし、池も見えませんね」と小馬鹿にしたように言いました。すると竜潭禅師は「もうあなたは竜と池の中にいるのにまだ気づいていないのか」とやり返しました。それを聞いて徳山は「この人はただ者じゃない」と思って竜潭禅師から禅の話を聴くわけです。

やがて夜が更けてきて竜潭禅師は「もう帰りなさい」と言います。徳山禅師も「それではそろそろ」と言って帰ろうとしたときに、竜潭禅師は「真っ暗だから明かりをどうぞ」と言って徳山禅師に明かりを手渡しました。それを受け取って「じゃあ帰ります」と言った瞬間、竜潭禅師はふっと明かりを吹き消してしまいました。あたりが真っ暗闇になりました。そこで徳山禅師は悟ったという話です。

これも先ほどのお話に似ているかもしれませんが、明かりを持つというのは何かを頼りにするということなんですね。何かを頼りにして、正しい道はどこだ、幸せの道はどこだと探すのではなくて、明かりなんか頼りにしないで自分の脚下を見ながら行けばいいんだというようなことを言っているのです。

天台宗でこの「看脚下」や「竜潭吹滅」に対応する言葉というと、おそらく「一隅を照らす」ということになると思います。**「一隅を照らす　これ即ち国の宝なり」**という伝教大師最澄の言葉があります。自分の脚下にある一隅、自分の立っているところは大きな世界や長い人生から比べたらほんの小さなものにすぎないかもしれません。

でも、その脚下を照らして歩んでいくことが大切だというわけですね。

この言葉はもともと中国の故事に由来しています。戦国時代の斉の威王と魏の恵王のお話ですが、魏の恵王が「私の国にはたくさんの宝石があるぞ」と自慢して言うと、斉の恵王様は「私の国にはそんな宝は必要ありません。国の一隅には優秀な家臣がいて、その者たちは千里を照らすぐらいの力を持っている」と応じたという逸話です。歴史的にみると当時の魏は実際かなりの大国だったようですが、最終的には没落し、栄えたのは斉でした。

この話から伝教大師最澄は一隅から千里を照らすような僧侶を育てなければいけないと考えて、国の宝になるべき人材の育成に力を尽くしたのです。ですから、この言葉は「一隅を照らす」だけでなく「一隅から照らす」という意味もあわせ持っています。

余談ですが、伝教大師最澄直筆の「一隅を照らす」（照于一隅）の書を見ると、目的語を表す置き字の「于」がどう考えても「千」にしか見えません。中国の故事でも「千里を照らす」と言っているので、「一隅を照らす」というのは読み誤りではないかと大論争になったことがあります。ただ、天台宗が宗派のスローガンとして「一隅を照らそう」と掲げ、「一隅にいる人を助けてあげましょう」「自分の持ち場である一隅を照らして生きていきましょう」と運動してきたので、最終的にはスローガンとして「一隅を照らす」でやっていきましょうということになったのです。でも本来は「千」だった可能性が高いので、「千を照らす一隅」（照千の一隅）と読むほうが正しいかもしれません。

このへんは説明しづらいところがあるのですが、自分の一隅を照らせばそれはいつか千里を照らすぐらいの力になっていくから、まず自分の脚下を大切にしようというお話になるわけですね。ただ、天台宗が一隅を照らすのに対して禅宗はその灯りすら消せというのはなんだか宗派の特色が見えるようで面白いです。

もちろん「一隅を照らす」も「脚下を看よ」も足元にゴールがあると思って今の一歩を大切にするという意味では同じです。

永遠の命と一瞬の命、どちらも大切な命

阿　次に**「日面仏《にちめんぶつ》、月面仏《がちめんぶつ》」**という『碧巌録』にある言葉を挙げてみます。まずこの言葉のエピソードからお話ししてみます。先に出た馬祖禅の創始者である馬祖道一禅師は八十を過ぎた頃に亡くなりますが、その一年ぐらい前から体調を崩されて床についていました。そこに印主というお寺の運営を司る事務長さんのような人がいて、「老師、おかげんはいかがですか」と尋ねるのです。それに対して馬祖道一禅師は「日面仏、月面仏」と答えたと言われています。

この「日面仏、月面仏」という言葉は『仏名経』といって過去・現在・未来それぞれにいる千の仏様、あわせて三千の仏様を列記している経典の中に出てきます。その三千の仏様にはそれぞれ寿命があって、日面仏という仏様の寿命は千八百歳、月面仏という仏様は一日一夜、たった一日の命であると書かれています。

日面仏というのは永遠の命を象徴する仏様と言っていいと思います。太陽が常に真ん丸く照っていて永遠不滅であるというイメージに基づいた仏です。一方の月面仏は、月が満ち欠けを繰り返すところから、儚い命、一瞬一瞬に限りのある個としての人間の命を象徴しているのではないのかと思われます。

禅は永遠の命を体得することをめざすもので、それが悟りの境地なのだと思います。例えば、もうすぐ亡くなりそうだというときに、禅を究極まで体得した人であれば「死んでも死なない永遠の命がある」と答えるかもしれません。しかし、それであれば日面仏だけでいいわけですが、馬祖道一禅師は日面仏だけではなく月面仏とも言いました。これは馬祖自身の儚い命のことを指しているわけですが、月面仏という一言を添えたのには含蓄があるように私は思うのです。

つまり、ただ永遠の命があるのではなく、こうして馬祖という個の命をも生きている。これも大切な命であって、否定することはないと言っているのではないかと。波と海に譬えるのなら、儚い命が波の命で、永遠の命が海の命となるでしょうか。日面仏である永遠の命こそがすべてであり本当の真実であって、月面仏である儚い命は取るに足らない無意味な命だというのではなく、両方合わさって一つの命。どちらがよくて、どちらが悪いということではない、と言っているのではないかと思うのです。

これは良寛さんが辞世の句で**「裏を見せ　表を見せて　散る紅葉」**と詠んだのと同じ

心境でしょう。良寛さんは、裏と表と両方が一緒になってこの命は散っていくんだと言ったのです。日面仏も月面仏も両方とも仏ですが、永遠の仏の命だけでなく、馬祖というこの儚い仏の命も燃やし切ってこの人生を終えていこうという思いが「日面仏、月面仏」の言葉に込められているのではないでしょうか。

建長寺の管長をされていた菅原時保《すがわらじほう》老師が提唱の中で「日面仏、月面仏」を「死にとうない」というふうに解釈したという話が残されています。この「死にとうない」という言葉は仙厓和尚が最後の一言を求められたときに言った言葉でもあります。仙厓和尚ほどの禅僧の最後の言葉が「死にとうない」では恥ずかしいからと、弟子たちが「もう一度何か言ってください」とお願いすると、また「死にとうない」と言ったというエピソードが残っています。

これは別に生に対する執着心とか死に対する恐れとかではありません。「今ここ」にある個としての命もまた大切なもので、その命を燃やして最後の最後まで生き切ってやるぞという心境を表していて、それが「死にとうない」という言葉になったのだろうと思います。月面仏を否定するわけでもなく執着するわけでもないし、また日面仏だけがすべてということでもなく、そこに執着するわけでもない。日面仏にも月面仏にも、永遠の命にも儚い命にも、どちらにも捉われずに与えられた命を生き切るという生き様《さま》をここに感じます。

最後の最後まで命を燃やしながら生きる

阿　この前『致知』（平成三十年六月号）を読んでいたら、坂村真民氏の強烈な言葉に出合いました。「人間いつかは終わりがくる／前進しながら終わるのだ」という言葉ですが、私は痺れました。まさに最後の最後までこの命を生き切っていくぞという心境と「日面仏、月面仏」という言葉が重なるように思いました。

ただ私もこうやって「ああだこうだ」解釈してと言葉遊びをしているだけで、実際にそれを心底体得しているわけではありません。実際自分が死に直面したときにどういう心境になるかはわかりませんが、ジタバタ格好悪く死のうが、あるいは「死にとうない」であろうが、最後まで命を燃やしながら生きられればいいなと思います。

横田老師が漢方医の桜井竜生先生と対談された本に禅僧の死に際について触れられている箇所がありましたね。あれは傑作で、今でも思い出し笑いをしてしまうのですが、立派な禅僧が「喝！」と言って亡くなって、弟子たちが皆「素晴らしい」と感嘆したけれど、亡くなってから調べてみたら喉に痰を詰まらせていて「かーっ、かーっ」と言っていたのだとか（笑）。

横田　喉に詰まった痰を吐こうとして吐けないで死んだんです。でも、それを隠そうとしてそんな話にするわけですが、痰を吐けないで死んでしまったというのも風流ではないかと思いましてね。

臨済宗のある禅僧が、亡くなるときに「南無阿弥陀仏、南無阿弥陀仏」と言ったという話もあります。伝記をつくるのに禅僧の臨終の言葉が南無阿弥陀仏ではまずいというので、その僧侶は万歳三唱して死んだことになっています。国威発揚の時代でしたからね。これも「死にとうない」と一緒でしょうね。「南無阿弥陀仏、南無阿弥陀仏」でいいのではないかと思います。

阿　そうですね。

横田　達磨大師にも似たような話があって、インドに帰るときに手を合わせて南無南無南無南無と唱えていたらしいですね。
ところで、この「日面仏、月面仏」が出てくる『三千仏名経』は天台ではよく読むのですか？

阿　よくは読みませんが、三千仏礼拝行といって五体投地を一日千回して三日続ける修行でお唱えします。私もやりました。
この「日面仏、月面仏」については大森曹玄老師が『碧巌録』について書かれた本にも面白いエピソードが書かれています。大森老師の師僧だった関精拙《せきせいせつ》老師が故郷の兵庫県浜坂で北隠和尚という方について修行をされていたときに、北隠和尚が「日面仏、月面仏」の提唱をしたらしいのです。そのとき、圜悟克勤禅師の『碧巌録』のもとになった雪竇重顕《せっちょうじゅうけん》禅師の『雪竇頌古』（禅の公案百題に漢詩をつけたもの）の中にある詩を読んでいたら、「二十年来苦労して」とある「二十年来」のところで、今まですらすらと提唱していたのに急に声を震わせて俯いて「今日はこれでお終いじゃ」と言って方丈に戻られていってしまったというんです。

雪竇重顕禅師の詩には「日面仏、月面仏」に会うためには「二十年来の苦労は言葉にもならないぐらいだ」というようなことが書かれていて、また圜悟克勤禅師も「この言葉を誤解する人があまりにも多いけれども雪竇重顕禅師ぐらいしかわかっている人はいない」と書いています。それぐらい体得するのは大変なことなのだと言っているわけですが、どうも北隠和尚はその苦労に思いをはせて言葉を詰まらせてしまったようなのです。

それから暫くして関精拙老師が天龍寺で修行されて七代管長になられるわけですが、もともと天龍寺に入ったときに師事したのが橋本峨山老師で、この橋本峨山老師が「日面仏、月面仏」をどういうふうに提唱するかなと期待していたら、すらすら解説してしまってがっかりしたというのです。

ところが、それから十年ぐらい経ってからでしょうか、また峨山老師が同じところを提唱したところ、今度は「二十年来」というところで急に立ち止まって、ウッと喉を詰まらせて北隠禅師と同じように次の言葉が継げずにそのままお部屋に帰られたというのです。それぐらい「日面仏、月面仏」を体得するのは大変なことなのかなあと。

私も生涯の宿題みたいに思っているんですけれど。

横田　なるほどねえ。

動きの中にこそ穏やかさがある

阿　次に「不動智」という言葉についてお話ししたいのですが、これは強く生きる極意を説いたものですね。

横田　自在の働きですな。

阿　以前に横田老師が「蓮華の上に仏様が載っている」とおっしゃったのを聞いて、あっと思いました。それまで全く気づかなかったのですが、動きの中にこの仏様はいらっしゃる。

横田　バランスなんですよ。

阿　バランスをとっているわけですね。動中の静と言ってもいい。動の中に静があって、その中にこそ静寂がある。

横田　この頃よく「ブレない」と言いますね。さっきも学生と話していたら「ブレない生き方をしたい」と言っていました。でも、ブレないということはなくて、ゆらゆらしながら生きるんだという話をしたんですけれどね。

余談になって申し訳ないですけれど、私は今、野口体操というものを習っていましてね。この野口体操で、三点倒立をした後、頭だけを付けて両手を離すというのがあって、これができるようになったら面白くてね。これは完全にバランスですよ。

阿　最初からすぐにできたのですか？

横田　いや、なかなかできなかった。先生がやっているのを見てすごいな、こんなことできるのかなと思ってやっているうちに、この間パッとできましてね。なるほどこれは面白いなと思ったんです。これは揺れ続けるんですよ。固定したものを求めようとしたら外れてしまうんです。ゆらゆら揺れながらバランスを保って絶妙に立つ。心柱と一緒。五重塔の心柱というのは固定されていないんじゃないですかね。あれと一緒で、揺れていたほうがいいんです。

多分、蓮の花の上の仏様も本当は揺れているはずです。蓮の花の上だから、そんなにきちっと動かないでいるわけにはいかないでしょう。ふわふわしていて、風が吹いたら揺れるような感じで立っておられるんじゃないかなあと私は思ったんです。

阿　穏やかなあの顔も、動き続けるからこそ穏やかであって、別にバランスを取ろうと必死になってやっているわけではないですね。いい譬えかどうかわかりませんけれど、赤ちゃんがお母さんに抱っこされて揺られていたり、ゆりかごで揺られているときに、非常に穏やかに寝ている姿と重なるところがあります。そういう動きの中にこそ穏やかさもあるということですね。

横田　いい言葉ですね。動きの中にこそ穏やかさあり。その通りだと思います。でも、人間は固定したがるんだなあ。

阿　これは沢庵禅師の「不動智」につながるように思うんです。沢庵禅師は宮本武蔵と親交があったと言われていますけれど、それは伝説というか小説の中の話であって、史実としては新陰流の柳生宗矩と親交があったんですね。柳生宗矩の剣術の思想的な部分を支えていたんです。その沢庵禅師が新陰流のためにといって『不動智神妙録』を授けるのですが、その中に「不動智」について次のように書かれています。

「千手観音とて手が千御入り候はゞ、弓を取る手に心が止らば、九百九十九の手は皆用に立ち申す間敷。一所に心を止めぬにより、手が皆用に立つなり。（中略）**葉一つに心をとられ候はゞ、残りの葉は見えず。一つに心を止めねば、百千の葉みな見え申し候。是れを得心したる人は、即ち千手千眼の観音にて候」**

（千手観音でも弓を射るときに弓を持つ手だけに心を止めて相手を射ようとすると、他の九百九十九本の手がすべて役立たずになってしまう。どの手も常に動いていなければいけない（中略）一つの葉に心が捉われれば残りの葉は見えなくなってしまう。一つの葉に心が捉われなければ、すべての葉が見える。これを体得した人は千手千眼の観音に等しい力をもつだろう）

沢庵禅師の言う不動とは石のように動かないわけではなくて、動いて動き続けてゆく中にある境地です。ここに引用したように、千手観音も常に千の手が動いています。それと似ています。

『不動智神妙録』は武士道の本なので敵方を退治するような物騒な譬えが多いのです。例えば、千手観音でも弓を射るときに弓を持つ手だけに心を留めて相手を射ようとすると、他の九百九十九本の手がすべて役立たずになってしまう。どの手も常に動いていなければいけない、止まってはいけないのだと言っています。また一つの葉に心が捉われれば全体の森の姿が見えなくなってしまって、それが心の隙を与えてしまうというふうにも言っていますね。

一番わかりやすいのは、十人の敵が刀を持って襲ってきたときにどういうふうに戦うかという譬えです。一人の敵に対して心が留まって戦えば勝つかもしれないけれど、二人目に斬られてしまう。二人目も倒せたとしても、いつか斬られてしまう。だから心を後に留めず、とにかくずっと動き続けて十人と対応していく。そこに隙の見えない強さがあるのだというふうに言っているんです。

動いて動いて動き続けるということ。それをなぜ「不動」という矛盾した表現で言うのかというと、動きになり切っていれば動いていないということになるからです。例えば、新幹線に乗って寛いで座っているときは動いていないようですが、外から見ればすごい速度で動いています。つまり、新幹線の動きと自分の動きが同化して一緒になり切っていれば動いていないというわけです。

動きになり切れば強い、動きに逆らうと隙ができる

阿　この世界は「諸行無常」ですから常に動き続け立ち止まることがありません。自分もそこで動いています。この世界には動いていないものは何一つありません。それなのに、どこかで立ち止まろうとしたり、こっちへ行きたいあっちへ行きたいと心が動きに逆らおうとしたりすると、それが隙になってしまいます。それでくよくよ悩んだり、苦しんだりするんです。だから、ただその変化になり切る、動きになり切っていけば、人間は非常に強いのです。

では、なぜ動きになり切れなくなってしまうのか。その最大の原因は「私」という存在です。これが動きになり切れない原因です。常に動いている中に同化していれば「私」というものはないはずですが、「私」という存在は離れたところからその動きを

部外者のような形で見ています。「あのときは若かったのに、今はこんなに年とってしまった」「そこに行きたいのに今日は行けない」というように、この「私」というものが動きになり切れずに、動きの外側にいるわけです。「私」というものは本来存在しないと言いましたが、それは動きそのものの中に「私」があって、その動きの外に「私」というものはないということですね。

「私は座っている」「私は立っている」「私は歩いている」というふうに文章では言いますけれども、あれは大きな間違いですね。歩いていたら歩いているそのものがあるだけですし、座っていたら座っているそのものがあるだけですし、走っていたら走っているそのものがあるだけ。その動きがあるだけなのです。「私」と「動き」を分けてしまっていることがそもそもの誤解で事象を正確に捉えていません。「私」というものをそこに入れる必要はないのに、「動き」の外に「私」を設けてしまったために現象を誤って見てしまっているわけです。

その「私」というものが動いているものに対していろいろ判断して、「こういうふうに動いたらダメだ」とか「こういうふうに動いたらいい」というように分けてしまっていますが、結局、「動き」そのものだったら「私」という存在はないのです。「私」はお化けみたいなものです。そんな幻のお化けが「ああだの、こうだの」と動きに逆らって思い悩みをつくってしまっている。それが心の隙になるのです。

禅に「作用即性《さゆうそくしょう》」という言葉がありますね。これは働きがそのまま本性であり、働きしかない、それ以外には何もないんだということですね。先にもお話ししましたが、三遊亭円朝が「はい」と返事をしたのではなくて、「はい」が円朝そのものなんだと。これは、「はい」という働きしかないんだということです。

香厳禅師が箒で庭を掃いていたら石がポーンと飛んで竹に当って「カーン」という音がした。そこでハッと悟ったという話もありました。これも自分が「カーン」という音を聞いたと言って音や石と自分を分けていたけれど、カーンそのものが自分なんだと悟ったわけですね。カーンという働きだけがあり、そこに私というものはないんですね。作用しかない、働きしかないというのが「不動智」というものではないかと思うのです。

「赤心片片」――赤ん坊は常に変化の中にいる

阿　石頭希遷禅師《せきとうきせん》の**「柄が何になる」**というのも非常に面白いエピソードです。余談ですが石頭希遷禅師は非常に有名な唐代の禅僧ですが、紆余曲折を経てなぜか曹洞宗の大本山である鶴見の總持寺《そうじじ》にミイラがあるそうです。

横田　いつからあるの？

阿　一九一一年に中国で辛亥革命が起こりましたが、石頭希遷のミイラ仏を祀った寺が革命軍に焼かれてしまったそうです。ちょうどそのとき、石頭禅師の研究をしていた山崎彪という人がその場に居合わせ、火の中からミイラ仏を救い出し、三井物産の船で日本に運んだというのです。

それから、紆余曲折を経て早稲田大学のミイラ研究者の研究室に安置され、總持寺の乙川瑾英副貫主が交渉をして譲ってもらったというエピソードがあります。鑑定したところ、かなり古い年代のもので、中国独自のミイラ製造法であることは間違いないという結果が出たようです。

この石頭禅師は馬祖禅師と対峙するぐらいの大きな影響力のあった方で、曹洞宗の源流にいる方でもあります。『参同契』という今でも曹洞宗で読んでいる経典がありますが、この石頭希遷禅師が書かれたものだと言われています。

ちなみに石頭《いしあたま》だったわけではなくて、山にある岩の上に庵を作って禅をしていたので石頭という名がつきました。今でも中国語では石頭は石という意味で、頭というのは固まりを表すような接尾語なのでほとんど意味がないんです。だから、石頭と書いて石という意味になるんですね。

ここで取り上げた「柄が何になる」というのは、この石頭希遷が兄弟弟子と一緒に山に枝を刈りに行ったときの話です。当時、禅僧は山に行くときには必ず短刀を携帯しなければいけなかったらしいですね。石頭禅師がその短刀で木を切ろうと思っていたところ、兄弟子がうっかり短刀を忘れてきてしまった。それで石頭禅師に「貸してくれ」と言ったので、「はい」と言って刃のほうを向けて渡しました。兄弟子が「危ないじゃないか、柄のほうを渡してくださいよ」と言うと、石頭禅師は「柄が何の役に立つんだ」と言ったというのです。

柄で木を切るわけではない。木を切るのは刃の働きなのだから、それを渡すところに意味がある。柄が働きではないじゃないかということなんですが、そうやって兄弟子のうっかりさを窘《たしな》めようとしたというか、最大の嫌みを言ったのではないのかというふうにも思えますね。

木を切るなら切るという働きだけがある。間接的に枝とか柄だとかそういうことではない、働きそのものになり切りなさい。そういうことをわからないから短刀を忘れるようなおっちょこちょいなことをするんじゃないか、と言いたかったのではないのかと思うのです。

物騒な譬えが続きましたけれども、この「働きになり切る」というのが一番得意なのは赤ちゃんだと思います。先ほどの揺りかごの動きの中でスヤスヤ眠るというのもそうですね。「赤心片片」という言葉があります。「赤心」は赤子の心。「片」というのは偏りのあるということではなくて、一局面一局面、一場面一場面のことです。だから、全部の変化になり切って全身を投じて「今ここ」に生きているということです。

赤ん坊の心が変化になり切った姿を「赤心片片」というわけですね。

横田　「赤心あるのみ」と言った人がいましたね。安禄山は腹が大きい人で、「お前の腹の中には何が詰まっているんだ」と言われたときに、「ただ赤心があるのみ」と答えたという。確か中国の古典の中にありました。「赤」というのは「赤裸々」の「赤」で、何というのかな……。

阿　「真っ正直な」という。

横田　真っ正直と。ほかにもいろいろありますね。

阿　ええ、真心とか。三重の赤福餅の赤は「赤心慶福」という言葉が由来で伊勢神宮の参拝者の清らかな真心を表す言葉らしいです。創業の頃に京都から来られたお茶の宗匠がお店のあんころ餅をいたく気に入ってこの言葉を残したとか。

それはともかく、変化になり切った赤ちゃんというのは思い悩みがないですからね。なんでハイハイしかできないんだろうとか、こんなところに生まれてしまったけどお母さんのお腹に戻りたいとか、そんなことは思いません。常に変化、変化の中にある。お腹がすいたとかミルクがほしいとか気持ちが悪いとかでギャアギャア泣きますけれど、快か不快かというただそれだけです。ちょっと居心地が悪いといって泣いたり笑ったりしているのも、また変化になり切っているわけで、大人の思い悩みとは全然質が違います。

子供は遊びをすべて動詞で捉えている

阿 そんな赤ちゃんも動きになり切るというのは幼稚園ぐらいまででしょうか。私も幼稚園の子供を見ていていつも感心するのは、遊ぶにしても全部動きなんですね。常に動いている、働きそのものになっています。

例えば子供の遊びというとどんなものを思い浮かべますか。

横田 虫取り、鬼ごっこ、積み木……。

阿 今三つ答えが出ましたけれど、共通点があります。それはすべて名詞であるということ。でも、子供の遊びというのは全部動詞なんです。大人の発想だと「かくれんぼ」とか「おままごと」というように名詞的に捉えてしまいますが、子供というのは

「追いかける」とか「走る」とか「掴まえる」とかすべて動詞として捉えています。

横田　ああ、なるほど。

阿　積み重ねる、重ねる、こする、叩く、書くといったものが、すべて遊びなんです。ここが面白いと思うんです。だから、名詞的な発想でおもちゃを作ると子供はすぐに厭きてしまうわけです。

横田　固定的になるとつまらない。

阿　今三才のうちの子なんかもおもちゃを与えるとすぐに厭きてしまって、それよりも自分なりにサランラップだとかティッシュとか、「どうして？」と思うようなものを次から次へと持ってきてはクシャクシャにして投げたりこすったりしてます。そのほうが楽しいみたいです。ルールとゴールがないような自由に展開するものが子供は大好きなんです。

横田　なるほど、ルールとゴールがない。

阿　先日、『いい親よりも大切なこと』（小笠原舞氏との共同執筆・新潮社）の著者で保育士起業家の小竹めぐみさんという方と対談をしました。大人が決めたルールやゴールのある固定的なおもちゃは子供が受け身になりやすく、一通り遊んだら飽きちゃうそうです。どこかの保育園であった話で、子供たちが積み木やフェルトを縫ったものを食べ物に見立てておままごとをしていたのですが、それを見ていた先生がちょっとかわいそうだと思って、最新の〝ままごとセット〟を導入したそうです。最初はワァと喜んで遊びはじめたようなのですが、だんだんと室内でおままごとをする時間が短くなって、最終的には外で泥団子や葉っぱを使っておままごとをしていたというんです。おままごとセットを買ってはいけないということではないけれど、子供にはもっと自由な遊びの発想があって、大人以上に遊ぶ領域が広いと小竹さんはおっしゃっていました。

子供の遊び場も、遊園地型と広場型の二つに大きく分けられると思います。子供はどちらも大好きですので、どちらも必要だと思います。でも、遊園地にいる子供たちを観察していると、だいたい列に並んで待っているんですね。親から「もうちょっとだから我慢して待ちなさい」と言われて、ずうっと動かないで待っています。そのときの子供は真顔なんです。早く順番が来ないかなと思いながら大半の時間を過ごしているわけです。

これに対して原っぱにいる子供は何もないけれど笑顔でワァーと駆けていってみたり、草をむしって風で飛ばしてみたり、枝があったら皆でチャンバラをはじめてみたり、自由に遊んでいます。うちの幼稚園でも子供たちが枝を持って振り回したらブンブンと音がするのにびっくりして、「先生、すごい、これ音がする」と言って皆で音を聴いたり、「違う枝だったらどんな音がするんだろう」と違う枝で試してみたり、どんどん遊びが発展していく光景が見られました。

大人の発想ではないところに子供の遊びがある。そんなことを言うとおもちゃ業界や遊園地を敵に回すような発言になってしまいますが、それはそれで必要なところもあるし、また楽しみの中の一つとしてあるわけですけれども、子供の遊びに対する想像力は私たち大人よりもはるかに豊かだということを頭に入れた上で子供の遊びを考えないといけないのではないかと思います。

しかも、こうした動きの中に子供が同化しているときは、本当に集中して真剣で、そして楽しんで没頭しています。そういう中にまさに「不動智」が現れているのかなというふうにも思います。沢庵禅師顔負けの不動の智慧というものを子供は持っているようです。

うちの子が先日誕生日を迎えたときに、先代住職が室内用テントをプレゼントに買ってくれました。針金で付ければ簡単に組み立てられるテントなのですが、組み立てているそばからワァッと針金を取って振り回して遊んで全然テントにならなかった（笑）。大人からすると、テントを作ってその中でおままごとでもするんじゃないかと思っていたのですが、もう全然発想が違っているんです。それでようやく組み立てたと思ったら、今度はそのテントを横にして振り回して「ロケット発射だ」って言って投げたりして、テントではないおもちゃにして遊び出しました。あれを見たときは、本当に働きそのものになっているというのを子供から教わったように思います。

働きそのものになり切れているか

阿　一遍上人の**「となふれば　仏もわれも　なかりけり　南無阿弥陀仏　なむあみだ仏」**

という和歌も、働きそのものと言っていいのではないでしょうか。時宗からするとあまりよろしくないエピソードだと横田老師に教わりましたが、もともと一遍上人は「となふれば 仏もわれも なかりけり 南無阿弥陀仏の 声ばかりして」と詠んだらしいですね。ところが、臨済宗の法燈国師に披露したところ、何かちょっと足りないと言われて詠み直したそうです。

このエピソードは沢庵禅師の『不動智神妙録』の中にも書かれています。そこには、法燈国師に不足を指摘された一遍上人は熊野に二十一日間籠もり、その後に出したのが、この**「となふれば 仏もわれも なかりけり 南無阿弥陀仏 なむあみだ仏」**だったとあります。だから、不足を指摘されてすぐに詠み直したわけではなく、苦労に苦労を重ねて詠んだと。このほうがリアルで信憑性があるように思います。

この後半部分の「南無阿弥陀仏の 声ばかりして」という部分を「南無阿弥陀仏 なむあみだ仏」と直したわけですが、こうすると南無阿弥陀仏を唱えているというその働きそのものになっていると言えると思います。「南無阿弥陀仏の 声ばかりして」だと、南無阿弥陀仏という働きを自分の外側に置いて、「私が念仏をしている」というふうに「私」と「念仏」を分けて固定化してしまっているわけです。それを南無阿弥陀仏になり切っているというふうに替えたのが「南無阿弥陀仏　なむあみだ仏」だと思うのです。

これは本当かどうかわからないのですが、一遍上人がこの歌を詠むと、それに対して法燈国師が「となふれば　仏もわれも　なかりけり　裏のお池で　鴨がじゃぶじゃぶ」という返答の歌を詠んだという話もあります。今ここで動いている現象そのものになり切っているので、ちょうど裏でパタパタパタと鴨が羽を羽ばたかせたのを聞いて、南無阿弥陀仏の何もなく、ただ鴨のじゃぶじゃぶになり切っているんです。

それに対してもう一つ詠み直した方がいて、これが「となえねば　仏もわれも　なかりけり　それこそそれよ　南無阿弥陀仏」というんです。わざわざ唱えることもないじゃないか、唱えなければ仏も自分もない。「それ」というものがあるだけ。その「それ」がもう南無阿弥陀仏なんだよ。というわけですね。これは白隠禅師の作だと言われています。これも働きそのものだということを表していると言っていいでしょうね。

天の法則に自分の生き方を合わせていく

阿　次の良寛さんの詩も私は大好きなんです。

花無心招蝶　　**花　無心にして蝶を招き**
蝶無心尋花　　**蝶　無心にして花を尋ぬ**
花開時蝶来　　**花　開く時、蝶来り**
蝶来時花開　　**蝶　来る時、花開く**
吾亦不知人　　**吾れも亦人を知らず**
人亦不知吾　　**人も亦吾れを知らず**
不知従帝則　　**知らずして帝の則に従う**

花は咲くときに咲く、蝶は舞うときに舞う、人は人でただ生きる、そこに何が美しいとか誰が凄いということはなく、それぞれがそれぞれにただ生きて、知らぬままに天の法則に従って調和して生きている、と。

「百花春至って誰がために咲く」という句が『碧巌録』にありますが、花は誰のために咲こうとか、あの人にはきれいに咲いて、この人にはちょっと萎れた花を見せてやろうとか考えるわけではなく、ただ咲くだけです。この花がただ咲くだけというところに、本当の幸せがあるのではないかと思うのです。

私たちは成功してなんでも思い通りにできる人生が幸せだと思っていますけれど、玄侑宗久さんがＮＨＫの「100分 de 名著」という番組で『荘子』を解説されたときにおっしゃっていたのは、幸せの本当の意味とは「天の為し合わせ」で、天が為していることに自分の生き方を合わせてゆくことなのだと。自分の思い通りに自分の人生を切り開いていくのが幸せなのではなくて、天の流れに従うのが幸せなのだということです。これを聞いたときにはなるほどと思いました。

横田　なるほど、天の為し合わせというのがあるんですね。「手の皺と皺を合わせてしあわせ」という仏壇のコマーシャルは間違えているんですね（笑）。よくお互いが使い合うという意味で「使合わせ」と言う場合もありますね。

阿　そうですね。そういう意味では、人と人とが手を合わせて「皺合わせ」というのもいいのかもしれませんけれど。

でも、流れに応じて生きていくというのが究極の慈悲の形であって、キリスト教では愛ですが、愛にしても慈悲にしても究極的には自も他もないところにあるものです。自分がこれだけ人にしたとか、あるいは見返りを求めて何かをするというのは、愛と慈悲という仮面を被っているだけのただの取引、ギブ・アンド・テイクを求めているだけです。そういう取引がなくなり、自分も他人もなくなって、究極的にはただ存在するというところに本当の慈悲や愛の姿があるのかなとも思うんです。仏教でいうと空の世界がキリスト教の愛の世界と言ってもいいのではないかと。

特別さをどんどん取り除いて「ただの人」になる

阿　マザー・テレサに**「私たちは小さなことしかできません。小さなことを大きな愛**

でするだけです」という言葉があります。どんな人も小さなことしかできません。それを「あの人は大きなことをした」「あの政治家はこんな立派なことをした」とか、「自分は自分の子供を育てることしかできない。あの人に比べたら私の愛は小さい」というふうに考える必要はないんです。愛とはそういう比較ができないものであって、皆が皆、小さなことを大きな愛ですれば、そこに差なんかないわけですね。どんなことをするのでも大きな愛でしてあげれば、些細なことでも究極的な慈悲、愛につながるのではないのかと思うのです。

利他行は大切ではあるのですが、一歩間違うと「俺はこんな利他をしている」と、かえって自我を強めてしまうことになる。ここは気をつけなければいけないところですね。

これは不確かかもしれませんが、これは『夢中問答』の中にありますが、夢窓疎石足利尊氏の弟直義から「坐禅をして自分が悟ることを優先していたら慈悲にならないじゃないか」というようなことを問われるんです。大乗仏教は利他の菩薩道を説きますが、その教えに背くではないかということです。そのときに夢窓疎石が慈悲には三つあると言ったそうです。一つは衆生縁の慈悲、一つは法縁の慈悲、三つ目が無縁の慈悲です。

衆生縁の慈悲とはギブ・アンド・テイクです。これは人間関係の中で「これだけしてあげたのだから、これだけの見返りがほしい」といった偽物の慈悲ですね。次の法縁の慈悲とは「すべてが空であり、慈悲にも本来は意味がないのだからこだわってはいけない」という空虚な慈悲です。そして三つ目の無縁の慈悲というものが、禅僧がするべき慈悲だと夢窓疎石は言うのです。

無縁の慈悲とは何かというと、我々がもともと本性として具え持っている徳の発現だというのです。ただこうして存在しているだけで我々は慈悲そのものなのだから、悟りを得れば自分から慈悲を働かせようとしなくとも、自然とそれがあらわれて周りの人を救っていくのだと。

坐禅というのは、何か人にしてあげようとか、困っているから助けなければということではなくて、ただあるという究極的な慈悲のあらわれを大切にするんですね。

これはどなたのエピソードだか忘れたので横田老師にお聞きしようと思ったのです

が、あるとき何人かで托鉢をしている目の前で、荷車から崩れ落ちた荷物を積み直している人がいたというんですね。ある修行僧がかわいそうだと思ってそれを手伝ってあげて道場に帰ってきたら、その修行僧は「お前はもう出ていけ」と言われて破門になったというんです。このお話に鈴木大拙は涙を流したという逸話があるそうです。

私などからすると、目の前にある小さなことでも、困っている人を見たら愛の発現で助けてあげてもいいと思うのですが、禅の世界は厳しくて、それこそ大きな無縁の慈悲を体得するまではそうした小さな慈悲で満足してはいけないということで、窘めるために破門にしたのかなと思ったのですが……。でも目の前にあることに対して助けずに坐禅をすれば、いつ利他行に転換できるのかなとも思うのです。とはいえ小賢しい慈悲で満足してしまったら本当の慈悲には到達できないでしょうし、そのへんをどういうふうに生きていったらいいとお考えになられますか。

横田　これはおそらく、そのお坊さんは「人助けをしてあげたんだ」と思ったから追い出されたのではないのかな。

阿　そういう側面を見せたということですか。

横田　そうじゃないかなあと思うんです。そういう話があると、修行道場の世界はそれが規則になるんですね。では「今度は困っている人を見ても知らん振りしよう」ということで、困っている人がいても知らん振りしたことがわかると、今度はその人を破門にするでしょうね。「こういうときは知らん振りをすればいいんだ」と思い込んでいるからです。それを叩いたんでしょうな。やっぱり我なんですよ、それは全部。私はそうだと思います。

阿　そこに我があってはいけないと。ただあるとか、ただの人であるということを私たちはすごく恐れて、そんなのは無意味だと思うかもしれませんが、本当はそこに愛の本質、慈悲の本質というものがあるのかもしれませんね。もちろん、それは修行しないとなかなか体得できない境地なのだと思いますけれども、究極的には坐禅をして特別になるとかではなくて、特別さをどんどん取り除いて「ただの人」になっていくことが大事なのかなと。そう思ったら私自身もすごく楽になりました。特別さをどんどん排除して「ただ」になれれば、こんなに楽で楽しく生きられることもない。それは素晴らしいことだと思うのです。

禅語が教えてくれるもの

阿　ここまでいろいろな禅語を挙げながらお話をしてきましたが、最後に禅語を学ぶ意義ということについて、考えてみたいと思います。

横田　そうしましょう。

阿　「禅語」とは文字通り禅の言葉という意味ですが、その表現は実に矛盾に満ちていると思います。禅はそもそも言葉を超えた境地です。だから以心伝心、不立文字、教外別伝というわけです。六祖慧能禅師を訪れた南嶽懐譲は「何者がここにやってきたのだ」と問われて答えに窮し、八年修行した後に語ったのが、**「説《せつ》似《じ》一《いち》物《もつ》即《そく》不《ふ》中《ちゅう》」**（説きて一物に似たるも即ちあたらず）でした。自分のことをいくら言葉で語ろうとしても的外れになってしまう、という意味です。おそらく自分のことを言葉でピタッと語るのは何十年経っても、コンピューターの膨大な容量のデータがあっても不可能でしょう。

オーストリアの哲学者ヴィトゲンシュタインは「語りえぬものについては沈黙しなければならない」と言っていますが、真実は言葉のない沈黙の中でしか伝わらないのだと思います。もちろん言葉は大切です。言葉がなければ人と会話もできませんし、社会も混乱するでしょう。しかし、言葉のおかげで人は惑わされたり、悩まされたり、人と争ったりします。久しぶりにテレビなんかつけますと、いろいろな言葉の情報に振り回されて疲れてきます。

煩悩といいますが、それは心の奥底の邪悪なものではなく、その正体は言葉なんだと思います。前に境界線の話をしましたが、まさに言葉が境界線をつくります。正しいとか間違っているとか、好きとか嫌いとか、楽しいとか悲しいとか、みんな言葉です。自分というのも言葉にすぎません。その言葉が真実を曇らせています。

「君見よ、双眼の色、語らざれば憂いなきに似たり」という白隠禅師の言葉があります。「ほらこの瞳をごらんなさい。語らなければ憂いがないように見えるだろう」という意味ですね。これは、澄んだ瞳の奥には語ることのできない憂いがある、と一般的に解釈されます。しかし、私の勝手な解釈ですが、言葉にしなければ憂いはないのも同然だ、という意味でもあるのではないかと思っています。実際やってみればわかりますが、ちょっと坐って目を閉じてしばらく言葉から離れると、その間は思い悩みがなくなります。「涅槃寂静」という言葉もありますが、涅槃の境地は言葉のない沈黙の世界なのです。

ところが、禅の長い歴史を辿ってみると、実に豊富な言葉が残されています。それも師弟の問答であったり、禅僧の生き様を記録した語録であったり、その中で禅語が生き生きと語り継がれています。仏教の宗派の中でも、こんなに言葉を使う宗派はないのではないかと思うぐらいです。それは一体なぜなのでしょうか。

言葉は知識や情報を伝達するだけでなく、言葉を超えた何かをのせて伝わるのだと思います。それは優しい温もりであったり、悲しい気持ちであったり、いろいろです。

かつて仏教学者の紀野一義氏が『禅　現代に生きるもの』（ＮＨＫブックス）の中で沈黙と禅について語っておられたことの受け売りになるかもしれませんが、禅語の場合は沈黙をのせて伝わるのだと思います。

普通、言葉と沈黙は対立するものです。言葉が止むから沈黙があり、言葉を発するから沈黙でなくなります。でも不思議なことに、禅語は沈黙をかき消すことなく、禅語に触れたとたんに沈黙の世界に誘われていきます。まるで子どものとき聞いた母親の子守歌や絵本の読み聞かせの優しい声のように、言葉とともにいつも沈黙が流れているという感覚でしょうか。

禅語は知識を集めるためにあるのではなく、また難しい問答を解いて頭の体操をするためにあるのでもなく、沈黙の世界で凝り固まった心をときほぐし、安らぎを与えてくれるものだと思うのです。

世間にはあまりに沈黙を掻き消すような言葉が氾濫しています。俺が正しい、お前は間違っている、あれはけしからん、これはダメだと、言葉で人と人とが対立し、裁き傷つけ合っています。

そんな言葉に流されることなく、沈黙の世界に誘う言葉がこの社会にあふれれば、人と人との心の通い合いがもっと豊かになるように思います。そういう意味で禅語という矛盾に満ちた「沈黙の言語」は、この現代社会でもっと活用されるべきだと思います。

紀野氏の前掲書でも引かれている言葉ですが、道元禅師が**「愛語よく回天の力あることを学すべきなり」**と言っていますね。愛に満ちた言葉は天をも動かす力となることを学びなさい、という意味です。私にとって禅語はこの愛語と置き換えられます。

横田　なるほど。禅の教えというのは、遠く印度に始まる仏教の歴史の中でも、中国において独自に発展したものなんのですね。正当な仏教教団から少し外れたところで、山の中で畑を耕したり、独自の暮らしをしながら、生活に根ざした自由な教えを確立してきました。そして唐の時代になって、最も栄えたのでした。

更に、趙州和尚や臨済禅師など、本書でも取り上げられている禅僧などは、唐の時代に武帝の廃仏という仏教大弾圧をくぐり抜けてきています。困難な中で、逆境と思われる中で、地に足を着けて教えを実践し、説かれてきた言葉が禅語であります。

日本に禅が伝わったのが、鎌倉時代でした。京の都ではなく、新しい武家の世界で禅は浸透してゆきました。鎌倉時代には、元寇《げんこう》という国難を二度も経験しています。そんな困難な状況の中で、禅は武士の心の支えとなっていました。円覚寺を開創された北条時宗公などは、無学祖元禅師を心の師とされて、修養を怠ることなく、国難を乗り越えられたのです。

明治時代に廃仏毀釈という逆境の中を禅僧たちは生き抜いてきました。そんな禅僧を慕って、多くの政治家や軍人、知識人たちが禅を学んできました。禅の修行から、それぞれ大きな力を得てきています。

質素な暮らしを尊び、それでいて高い精神性を誇る禅の教えは、現代に至るまで、茶道や武道など、至る所にゆきわたっています。禅は諸道の根源と言われる所以でもあります。そのような禅の言葉ですので、観念的思弁的なものではなく、むしろ実際の生活に即した簡潔な表現となっています。

「仏」というと、どこか遠い存在のように思われますが、「無位の真人」と表現されるとより身近に感じられます。

「脚下を看《み》よ」など、実に短い言葉であっても、心に響くのが禅語の特徴かと思います。また禅語には独特のリズムがあります。声に出して読むと、自ずと心が奮い立つ思いがいたします。

今日の時代もまた、戦後の苦しい中から経済を発展させてきましたが、人の心の不安なことは、古と変わりありません。

これからも、人口減少の問題、そこにＡＩが発達してきて、いったい世の中がどうなってゆくのか考えると、むしろ不安は募るばかりでしょう。

そのような中なればこそ、困難な時代を乗り越えてきた禅僧の言葉に叡智を学びたいと思うのです。

あとがき――「恰好」の思いで――

阿　純　章

もし友人に「自慢できる有名人の知り合いがいるか？」と聞かれたら、間違いなく横田南嶺老師のお名前を真っ先に挙げるでしょう。

いきなり俗っぽい話になってしまいましたが、やっと「あとがき」にこぎつけたので、ちょっと肩の力を抜いて書かせていただきます。

そもそも横田老師との出会いは平成三十年二月初めの頃に、親しくお付き合いさせていただいている臨済宗妙心寺派の野沢龍雲寺住職の細川晋輔氏のご厚意で一緒に円覚寺に参詣させていただいたのがきっかけです。松原泰道師のお孫さんである細川氏も多方面でご活躍されていて、若いお坊さん界のエースとしてかなりの有名人です。

はじめて横田老師にお会いした時の印象は、底知れぬ度量と清々しさを感じ、『碧巌録』の「清風地を匝《めぐ》りて何の極まりかあらん」という言葉のごとく、極まりない清風に包み込まれるかのように圧倒されました。

ところがそんな雲の上のスーパースターのような存在でありながら、目線に上下がなく気さくに接していただきました。何事にも好奇心が旺盛のようで日々新しい発見を楽しんで生きておられ、お話をお聞かせ頂くとぐいぐいと引き込まれていきました。

私自身もお坊さんだけに、これまでいろいろなお坊さんに接してきておりますが、このように剛柔あわせ持つ深みのある方は甚だ稀有であり、普段はいたって控えめな性格の私も、つい冒頭のようにミーハー気分で凄い人物に出会ったと自慢したくなる気持ちになった次第です。

人間生きていると何が起こるか分かりません。この出会いをスタートに、それこそ清風に押されるかのごとく月刊『致知』（平成三十年七月号）で横田老師と対談させていただき、さらには今回の単行本の出版に至りました。いい意味での「まさか！」の連続です。

同じ僧侶とはいえ、宗派も立場も異なります。若い頃に自ら発心し厳しい禅修行の道に入られ、長きにわたり師家として修行僧の指導にあたられ、そして若くして臨済宗円覚寺派管長になられた生え抜きの禅僧と、天台宗の一寺院に生まれ育ち、そのまま父の後を継いだボンボンとでは、これまでの生き様も僧侶としての気迫もまったく違います。

ただ、そういう立場の異なる間柄で禅語をテーマに語り合うというのは、おそらく前例のないことです。そこで、私なりに壁にぶつかり悩みながら生きてきた人生の中で禅から学び得たものを、この絶好の機会に禅のプロフェッショナルに思い存分ぶつけてみたら一体どんな展開になるのだろう、という好奇心に駆られ、このドン・キホーテのような無謀な試みにチャレンジしてみようと敢えてこの対談をお受けしました。

しかし対談中、ひとえに思ったのは、頭でっかちな私の禅の解説によく耐えて耳を傾けてくださったなということです。もしこれがところ変わって禅道場の独参室（師家と修行僧が一対一で問答する場）であったならば、拳骨が飛んできてもおかしくなかったかもしれません。それなのにプロ相手にキャッチボールをするとまるで自分が上手くなった気がするのと同じように、私のどんな暴投も優しく受け止めていただき、そのお陰でとてもリラックスして楽しくお話し合いをさせていただくことができました。

何より横田老師から直々に長年の修行生活で培った迫力のあるお話を伺うことができ、禅の世界には表層をかじっただけの私にはまだまだ知りえない奥深さがあることをまざまざと感じさせられ、大変貴重な学びを得たとつくづく思います。

さて、私は天台宗の僧侶です。それなのになぜ禅なのか?と読者の皆様は思うかもしれません。天台宗はもともと止観という修行を根本にはじまった宗派で、この止観はさかのぼれば臨済・曹洞などの禅宗の禅と源流を同じくします。またさらにさかのぼればそれはお釈迦様がお悟りを開くに至る修行法だったわけです。

そういう意味では禅は禅宗だけの専売特許ではありません。禅宗には禅宗ならではの教えと修行があり、その伝統が師から弟子へと継承され、その中に属さなければ伝えることのできないものも多くあると思います。実際、横田老師とお会いして、臨済禅の精神が宗派の中で脈々と、そして生き生きと受け継がれていることを目の当たりにしました。

それは尊重すべきことではありますが、その一方で禅の教えは全人類の普遍的な素晴らしい財産であり、仏教徒だけでなく、キリスト教徒でもイスラム教徒でも無宗教の人でも、誰もが学び実践し、すべての人々が心の壁を取り払って一つになれる究極の平和の教えではないかと思うのです。なので、禅を仏教や宗教という枠に閉じ込めたままにしておく手はありません。

実際、横田老師は臨済宗に属しながらも、一般社会に向けて精力的に禅の教えを広められておりますし、私のような禅宗からすれば門外漢の人間が禅を語るということも、何かの一助になればいいと思っています。

ここで「あとがき」までとっておいた一番好きな禅語をご紹介します。

それは「恰好《かっこう(こうこう)》」というたったの二文字です。『致知』の対談でもお話させていただきましたが、『趙州録』に出てくる言葉で、趙州禅師の弟子から「大難が訪れたら、老師はどうなさいますか？」と問われた時、趙州禅師はたった一言、「恰好！」と答えたそうです。

「恰好」とは「恰《あたか》も好《よ》し」ということで、丁度いいという意味です。ちなみに窪田慈雲著『心に蘇る「趙州録」』（春秋社）では「よしきた！」と訳しており、名解釈だと思います。

それで思い出すのが「はじめ塾」創設者である和田重正氏（本文二六一頁参照）の鳶職のお話です。鳶職でも間違って高いところから落ちてしまうことがたまにあるそうなのですが、そんな時は、落ちるより先に自分から飛び降りるのだそうです。怖いと思って目を背けると大怪我につながるけれど、しっかり目を開けて落ちる先の様子を把握しておくと怪我が少なくてすむというのです。これはまさに「恰好」の心境です。

ですから私も「まさか！」と思うような大変なことが起きたら、たとえ心が不安でいっぱいでも、「よしきた！」という気持ちで向かって行こうと心がけています。泣いても転んでもどのみち人生の旅路は死ぬまでその歩みを止めることはできません。どうせ一歩足を踏み出すのなら晴れ晴れと行きたいものです。それこそ「カッコ（恰好）いい」生き方だと思っています。今回の対談もまさに「恰好」の思いで臨みました。あっ、もちろんこれは「大難」ではなく、「大役」というべきでしょう。

　最後になりますが、これまでの人生で感謝すべき方は数多くいらっしゃいますが、今回の単行本出版に限って言えば、私を禅の世界に導いてくださった三千院御門跡の堀澤祖門先生、後進を育てようと温かな思いで対談のお相手をしてくださいました横田南嶺老師、そして横田老師とのご縁をつないでくださった龍雲寺の細川晋輔住職に深く感謝申し上げます。

　ならびに、単行本発刊にあたり貴重な機会を与えてくださいました致知出版社の藤尾秀昭社長、柳澤まり子副社長、藤尾允泰副編集長、そして対談でご同席くださり編集を担当してくださった小森俊司様、同じく対談に同席してくださり、時には鋭い質問を投げかけてくださった小松実紗子様、小西佳奈様に心よりお礼申し上げます。

深い感謝の念と、次に起こる「まさか！」を期待して筆を措かせていただきます。

平成三十一年二月吉日

圓融寺の境内に立つ都内最古の木造建築で、
国の重要文化財にも指定されている「釈迦堂」を前に

〈著者略歴〉

横田南嶺（よこた・なんれい）
昭和39年和歌山県生まれ。62年筑波大学卒業。在学中に出家得度し、卒業と同時に京都建仁寺僧堂で修行。平成3年円覚寺僧堂で修行。11年円覚寺僧堂師家。22年臨済宗円覚寺派管長に就任。29年12月花園大学総長に就任。著書に『人生を照らす禅の言葉』『禅が教える人生の大道』『自分を創る禅の教え』など多数。選書に『坂村真民詩集百選』（以上、いずれも致知出版社）がある。

阿純章（おか・じゅんしょう）
昭和44年東京都生まれ。平成4年早稲田大学卒業。15年同大学大学院文学研究科東洋哲学専攻博士課程退学。大学院在学中、北京大学に中国政府奨学金留学生として留学。帰国後、早稲田大学、専修大学等で非常勤講師を務める。現在は天台宗圓融寺住職、円融寺幼稚園園長。著書に『「迷子」のすすめ』（春秋社）。

生きる力になる禅語

平成三十一年三月二十五日第一刷発行

著者　横田南嶺
　　　阿純章

発行者　藤尾秀昭

発行所　致知出版社

〒150-0001東京都渋谷区神宮前四の二十四の九

TEL（〇三）三七九六―二一一一

印刷　㈱ディグ　製本　難波製本

落丁・乱丁はお取替え致します。　（検印廃止）

ISBN978-4-8009-1202-2 C0095
ホームページ　https://www.chichi.co.jp
Eメール　books@chichi.co.jp